KYRIALE

EX FONTIBUS CO.
http://www.lulu.com/ex_fontibus
exfont@hotmail.com

KYRIALE

E GRADUALI SACROSANCTÆ

ROMANÆ ECCLESIÆ DESUMPTUM

SS. D. N. PII X. PONTIFICIS MAXIMI

IUSSU

RESTITUTUM ET EDITUM

AD EXEMPLAR EDITIONIS TYPICÆ CONCINNATUM

ET RHYTHMICIS SIGNIS A SOLESMENSIBUS MONACHIS

DILIGENTER ORNATUM

DESCLÉE & Socii

S. Sedis Apostolicae et Sacrorum Rituum Congregationis Typographi

PARISIIS - TORNACI - ROMÆ - NEO EBORACI

1961

Reprinted by Ex Fontibus Co., 2007

ISBN 978-0-6151-4634-8

EX FONTIBUS

COMPANY

http://www.lulu.com/ex_fontibus
exfont@hotmail.com

ORDINARIUM MISSÆ

In Dominicis ad Aspersionem Aquae benedictae

EXTRA TEMPUS PASCHALE. ANT. 7.

XIII. s.

A-SPERGES me, *Dómi- ne, hyssó-po, et mundá- bor : lavá- bis me, et su-per ni-vem de- al- bá- bor. *Ps. 50.* Mi- se-ré-re me- i, De- us, * se-cúndum magnam mi-se-ri-cór-di- am tu- am. Gló- ri- a Patri, et Fí- li- o, et Spi-rí-tu- i Sancto : * Sic- ut e-rat in princí-pi- o, et

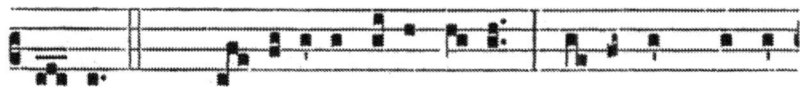

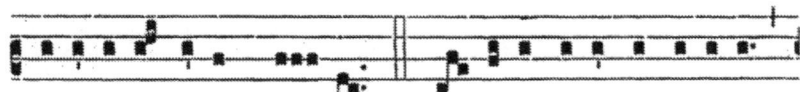

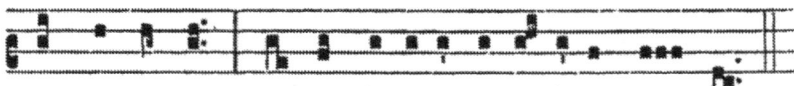

nunc, et semper,   et in saécu-la saecu- ló-rum. A-   men.

Repetitur Ant. Aspérges me.

¶ *In dominica I Passionis non dicitur* Glória Patri, *sed post psalmum* Miserére *repetitur immediate antiphona* Aspérges me.

In dominica II Passionis aspersio omittitur.

TEMPORE PASCHALI

Scilicet a Dominica Paschae usque ad Pentecosten inclusive.

Ant.
8.

X. s.

V I- di   a- quam * egre- di- én- tem de tem-

plo,   a lá- te- re dex- tro,   alle- lú-   ia :   et

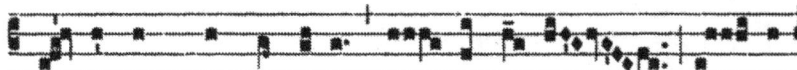

omnes, ad quos pervé-nit   a- qua i-sta,   sal- vi

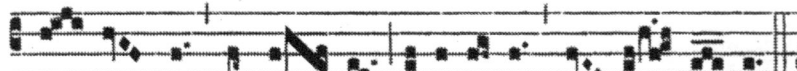

fa- cti   sunt, et di-   cent, alle-lú- ia,   al- le-   lú- ia.

Ps. 117. Confi- témi- ni Dómi-no quó-ni- am bonus : * quó- ni- am

in saécu-lum mi-se-ri-cór- di- a   e-jus. Gló- ri- a Patri, et

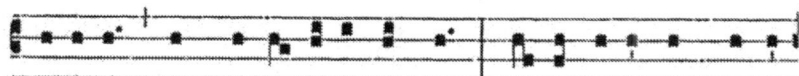

Fí- li- o,　　et Spi- rí- tu- i Sancto.　* Sic-ut e-rat in princí-

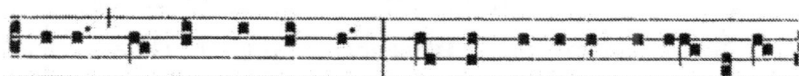

pi- o,　et nunc, et semper,　　et in saécu-la saecu- ló-rum.

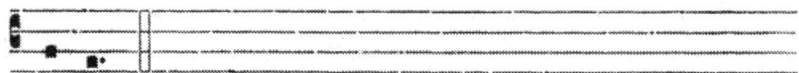

Amen.　*Repetitur Ant.* Vidi aquam.

℣. Osténde nobis, Dómine, misericórdiam tuam. (*Tempore Paschali, additur :* Allelúia.)

℞. Et salutáre tuum da nobis. (*Temp. Pasch.* Allelúia.)

℣. Dómine exáudi oratiónem meam.

℞. Et clamor meus ad te véniat.

℣. Dóminus vobíscum.

℞. Et cum spíritu tuo.

Orémus.　　　　　　　　　　　　*Oratio.*

EXáudi nos, Dómine sancte, Pater omnípotens, aetérne Deus : et míttere dignéris sanctum Angelum tuum de caelis; qui custódiat, fóveat, prótegat, vísitet, atque deféndat omnes habitántes in hoc habitáculo. Per Christum Dóminum nostrum. ℞. Amen.

ALII CANTUS *ad libitum.*

I.

X. s.

Ant. 7.

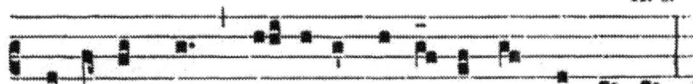

A -spérges me, * Dó-mi-ne, hyssó-po, et mundá-bor :

la vá-bis me,　et super nivem de- albá-bor.

Ps. Miserére, *ut supra.*

I. — Tempore Paschali.

II.

Ant. 4.

A -spérges me, * Dómi-ne, hyssó-po, et mundá-bor :

la-vá-bis me, et super ni-vem de- albá- bor. *Ps. 50.* Mi-se-ré-re

me- i De- us, * secúndum magnam mi-se-ri-córdi- am tu- am.

Gló-ri- a Patri, et Fí-li- o, et Spi-rí-tu- i Sancto. * Sic-ut

e-rat in princí-pi- o, et nunc, et semper, et in saécu-la

saecu-ló-rum. Amen.

I. — Tempore Paschali.

(Lux et origo)

8.

K Y- ri- e * e- lé- i-son. *iij.* Chri- ste

e- lé- i-son. *iij.* Ký- ri- e e- lé- i-son. *ij.*

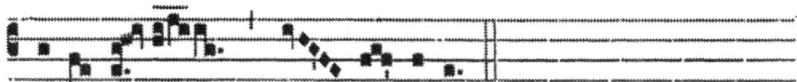

Ký-ri- e * e- lé- i-son.

X. s.

G Ló-ri- a in excél-sis De- o. Et in ter- ra pax

ho-mí-ni-bus bonae vo-luntá- tis. Laudámus te. Be-ne-dí-ci-

mus te. Ado-rámus te. Glo-ri- fi-cá-mus te. Grá-ti- as

á-gimus ti- bi propter magnam gló- ri- am tu- am. Dó-mi-ne

De- us, Rex cae-lé-stis, De- us Pa- ter omní-pot-ens. Dómi-ne

Fi- li u-ni-gé-ni-te Je- su Chri-ste. Dó- mi-ne De- us,

Agnus De- i, Fí- li- us Pa-tris. Qui tol-lis peccá-ta mun-

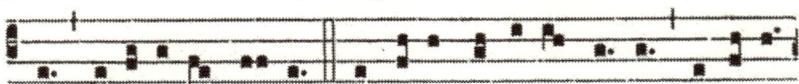

di, mi-se-ré-re no- bis. Qui tol-lis peccá-ta mundi, súsci-pe

depre-ca-ti- ó-nem nostram. Qui se-des ad déx- te-ram Pa-

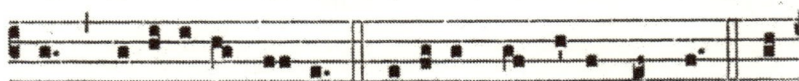

tris, mi-se-ré-re no- bis. Quóni- am tu so-lus sanctus Tu

so-lus Dó- mi-nus. Tu so-lus Altíssimus, Je- su Chri-ste.

Cum Sancto Spí- ri- tu, in gló- ri- a De- i Pa- tris.

A- men.

X. s.

4.

SAnctus, * Sanctus, Sanctus Dómi-nus De- us

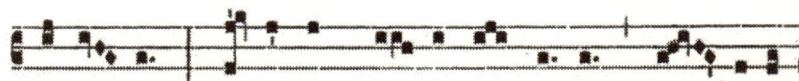

Sá-ba- oth. Ple- ni sunt cae- li et ter-ra gló- ri- a

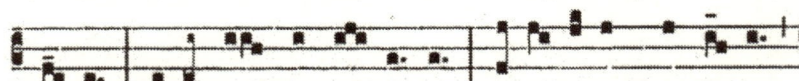

tu- a. Ho-sánna in ex-cél-sis. Be-ne-díctus qui ve-nit

(Gregorian chant notation)

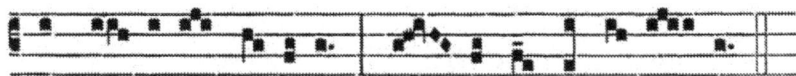

in nó- mi-ne Dó-mi-ni.　Ho-　sánna　in excél- sis.

X. s.

4.

A -gnus De- i, * qui tol-lis peccá- ta mun- di : mi-se-

ré-　　re no- bis.　　Agnus De- i, * qui tol-lis peccá-

ta mun- di :　mi-se-ré-　　re no- bis.　　Agnus De- i, *

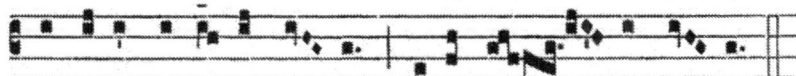

qui tol-lis peccá- ta mun- di :　dona no-　　bis pa- cem.

A Missa Vigiliae paschalis usque ad Sabbatum in Albis inclusive.

8.

I - te, missa　est, alle-lú- ia,　alle-　lú- ia.
De-o grá-ti- as, alle-lú- ia,　alle-　lú- ia.

Ab Octava Paschae ad Sabbatum IV. Temporum Pentecostes inclusive.

7.

I - te,　　mis- sa　est.
De- o　　grá- ti- as.

II. — In festis I. classis. I.

(Kyrie fons bonitatis)

X. s.

3.

K Y-ri- e   *   e- lé-   i- son. *iij.*

Chri-ste   e- lé-   i- son. *iij.*

Ký- ri- e   e- lé-   i- son. *ij.* Ký- ri-

e   *   **   e- lé-   i- son.

XIII. s.

I.

G Ló-ri- a   in excélsis De- o.   Et in terra   pax ho-

mí- ni- bus   bonae vo- luntá- tis.   Laudámus   te.   Be- ne-

dí-cimus te.   Ado- rámus te.   Glo-ri- fi-cá- mus te.   Grá- ti- as

á-gimus ti- bi   propter ma- gnam gló-   ri-   am tu- am.

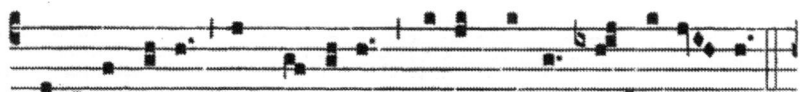

Dómi-ne De- us, Rex cae-léstis, De- us Pa- ter omní-pot- ens.

Dó- mi-ne Fi- li u-ni- gé-ni- te Je-su Chri-ste. Dómi-

ne De- us, Agnus De- i, Fí- li- us Pa-tris. Qui tol-

lis peccá-ta mundi, mi-se- ré- re no- bis. Qui tol- lis pec-

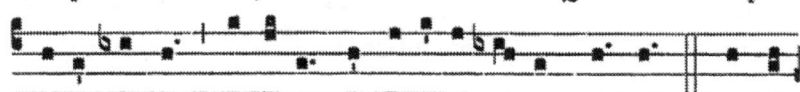

cá-ta mundi, súsci-pe depre-ca-ti- ó-nem nostram. Qui se-

des ad déx-te-ram Pa- tris, mi-se- ré- re no- bis. Quó-ni- am

tu so- lus sanctus. Tu so-lus Dómi-nus. Tu so-lus Al- tís-

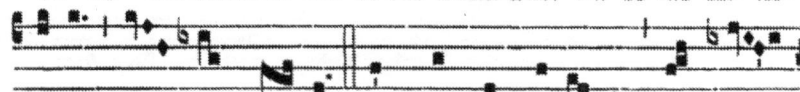

simus, Je- su Chri- ste. Cum Sancto Spí-ri- tu in gló-

ri- a De- i Pa- tris. A- men.

XII-XIII. s.

I.

S Anctus, *Sanctus, Sanctus

Dómi-nus De- us Sába-oth. Ple-ni sunt caeli et ter- ra

gló- ri- a tu- a. Ho-sánna in ex-cél-sis. Be-ne-

díctus qui ve- nit in nó- mi-ne Dómi-ni. Ho-sánna

in ex-cél-sis.

X. s.

I.

A -gnus De- i, *qui tol- lis pec-cá-ta

mun- di : mi-se-ré- re no- bis. Agnus De- i, *qui

tol-lis peccá-ta mun- di : mi-se-ré- re no- bis.

Agnus De- i, * qui tol- lis pec-cá-ta

mun-di : do-na no- bis pa- cem.

3.
I - te, mis- sa est.
De- o grá- ti- as.

Vel secundum communiorem usum.

5.
I - te, mis- sa est.

℟. De- o grá- ti- as.

III. — In festis I. classis. 2.

(Kyrie Deus sempiterne)

XI. s.

4.
K Y- ri- e * e-lé- i-son. Ký-ri- e

e-lé- i- son. Ký- ri- e e-lé- i-son. Chri- ste e-lé- i-son. Christe

e-lé- i-son. Chri- ste e-lé- i-

son. Ký- ri- e e-lé- i-son. Ký-ri-

e e-lé- i-son. Ký- ri- e

* **

e-lé- i-son.

XI. s.

8.

G Ló-ri- a in excél- sis De- o. Et in terra pax

homí-ni-bus bo- nae vo-luntá- tis. Lau- dámus te. Be-ne-

dí- ci- mus te. Ado-rá-mus te. Glo-ri- fi- cá- mus te.

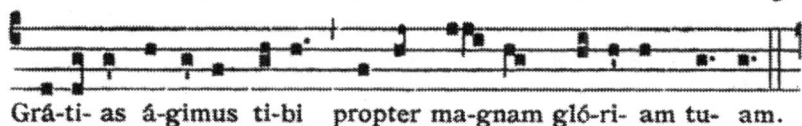

Grá-ti- as á-gimus ti-bi propter ma-gnam gló-ri- am tu- am.

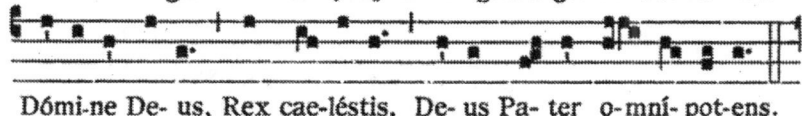

Dómi-ne De- us, Rex cae-léstis, De- us Pa- ter o-mní- pot-ens.

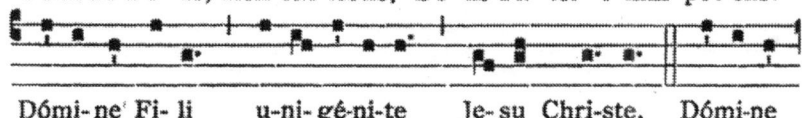

Dómi-ne' Fi- li u-ni-gé-ni-te Je- su Chri-ste. Dómi-ne

De- us, Agnus De- i, Fí- li- us Patris. Qui tol-lis pec- cá- ta

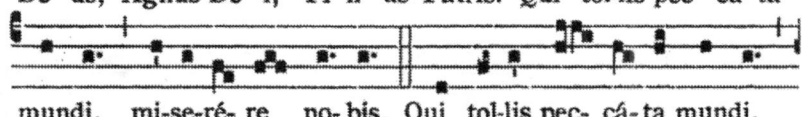

mundi, mi-se-ré- re no- bis. Qui tol-lis pec- cá-ta mundi,

súscipe depre-ca- ti- ó-nem nostram. Qui se- des ad déxte-ram

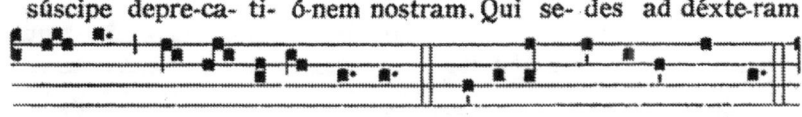

Pa- tris, mi- se- ré-re no- bis. Quó-ni- am tu so-lus sanctus:

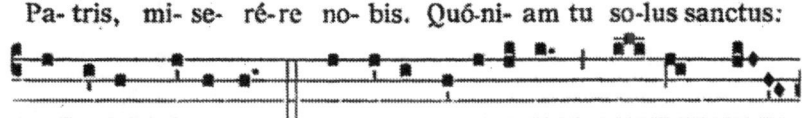

Tu so-lus Dómi-nus. Tu so-lus Altíssimus, Je- su Chri-

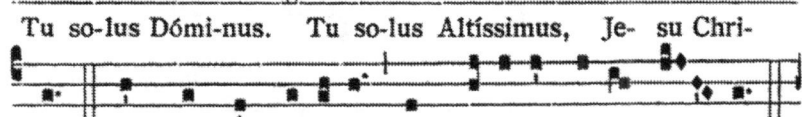

ste. Cum Sancto Spí- ri-tu in gló-ri- a De- i Pa- tris.

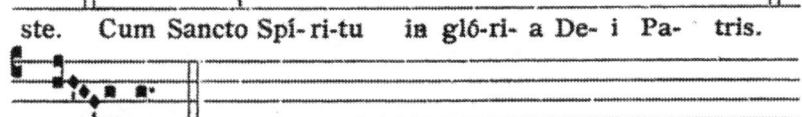

A- men.

(XI) XII. s.

4.

S An- ctus, * Sanctus, San- ctus Dó-mi-nus

De- us Sá-ba- oth. Ple-ni sunt cae-li et terra gló- ri- a

tu- a. Ho- sánna in excél-sis. Be-ne-dí-ctus qui ve-nit

in nó-mi-ne Dó-mi-ni. Ho- sánna in excél- sis.

XI-XII. s.

4.

A - gnus De- i, * qui tol- lis peccá- ta

mun- di : mi- se- ré- re no- bis. Agnus De- i, * qui

tol- lis peccá- ta mun- di : mi- se- ré- re no-

bis. A- gnus De- i, *qui tol- lis peccá- ta

mun- di : do- na no-bis pa- cem.

Ite, missa est, *ut in fine Missae praecedentis, secundum communiorem usum.*

IV. — In festis II. classis. 1.

(Cunctipotens Genitor Deus)

X. s.

1.

KY-ri- e   *   e-   lé- i-son. *iij.* Chri-

ste   e- lé- i-son. *iij.* Ký- ri- e

e-   lé- i-son. *ij.* Ký-ri- e   *   **

e-   lé- i-son.

X. s.

4.

G Ló- ri- a   in excélsis De-   o.   Et in terra pax ho-

mí-ni-bus bonae vo-luntá- tis. Laudámus te.   Be-ne-dí-cimus

te.   Ado-rá- mus te. Glo-ri-fi-cá- mus te.   Grá-ti- as

á-gimus ti-bi propter magnam gló- ri- am tu- am. Dómi-ne

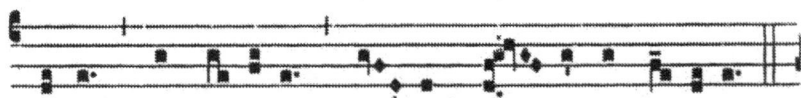

De- us, Rex cae-léstis, De- us Pa- ter omní- pot-ens.

Dómi-ne Fi- li u-ni- gé-ni- te Je- su Chri- ste.

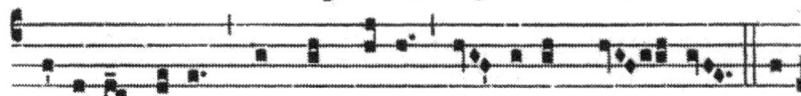

Dómi-ne De- us, Agnus De- i, Fí- li- us Pa- tris. Qui

tol-lis peccá- ta mundi, mi- se- ré-re no- bis. Qui tol-lis pec-

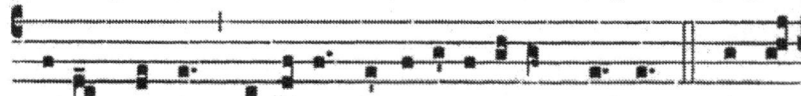

cá-ta mundi, súsci-pe depre-ca-ti- ónem nostram. Qui se-

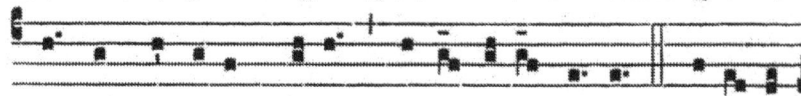

des ad déx-te-ram Patris, mi- se- ré-re no- bis. Quó-ni- am

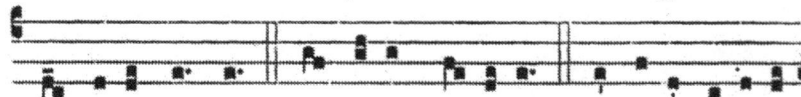

tu so-lus sanctus. Tu so-lus Dó-mi-nus. Tu so-lus Altíssi-

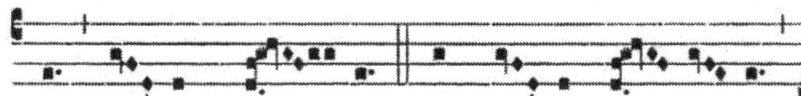

mus, Je- su Chri- ste. Cum San-cto Spí- ri- tu

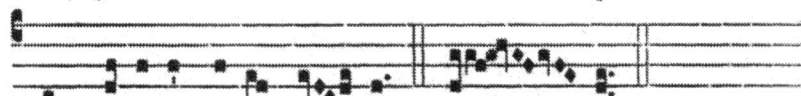

in gló-ri- a De- i Pa- tris. A- men.

XI s.

8.

SAn- ctus, * Sanctus, San- ctus Dómi-nus De- us

Sá- ba- øth. Ple-ni sunt cae-li et terra gló- ri- a tu- a.

Ho- sánna in ex- cél- sis. Be-ne-díctus qui ve- nit

in nómi-ne Dó- mi- ni. Ho- sánna in ex-

cél- sis.

(XII) XIII. s.

6.

A-gnus De- i, * qui tol-lis peccá-ta mundi : mi-se-

ré- re no- bis. Agnus De- i, * qui tol-lis peccá-ta mun-

di : mi-se-ré- re no- bis. Agnus De- i, * qui tol-lis

peccá-ta mundi : dona no- bis pa- cem.

V. — In festis II. classis. 2.

I.

I - te, missa est.

℟. De- o grá- ti- as.

V. — In festis II. classis. 2.

(Kyrie magnae Deus potentiae)

XIII. s.

8.

K Y- ri- e * e- lé- i- son. *iij.*

Chri- ste e- lé- i-son. *iij.* Ký- ri- e *

e- lé- i-son. *iij.*

XII. s.

8.

G Ló- ri- a in excél-sis De- o. Et in terra pax

ho- mí- ni- bus bonae vo- lun- tá- tis. Laudámus te.

Be-ne- dí- cimus te.   Ado-rámus te.   Glo-ri- fi- cá-mus

te. Grá- ti- as   á- gimus ti- bi   propter magnam

gló-   ri- am tu- am. Dó- mi- ne   De- us, Rex cae-lé-

stis, De- us Pa-ter   o- mní-pot-ens. Dó- mi- ne   Fi- li

u-ni-gé-ni-te   Je- su Chri-ste.   Dómi-ne De- us,   A-

gnus De- i,   Fí- li- us Pa- tris. Qui tol-lis peccá-ta mun-

di, mi- se- ré-   re no- bis. Qui   tol- lis   peccá- ta

mundi,   súsci-pe depre- ca- ti-   ó-nem nostram. Qui   se-

des   ad déxte- ram Pa-tris, mi-se- ré-   re no- bis.

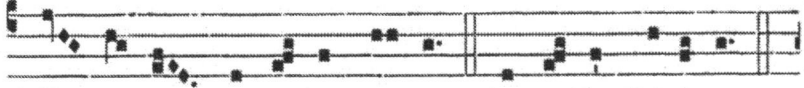

Quó- ni- am tu so- lus sanctus. Tu so- lus Dómi-nus.

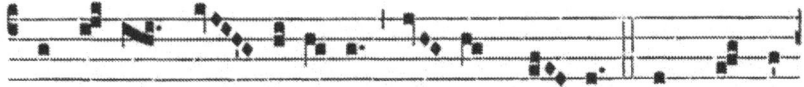

Tu so- lus Al- tíssi-mus, Je- su Chri- ste. Cum Sancto

Spí-ri-tu, in gló-ri- a De- i Pa- tris. A- men.

XII. s.´

4.

S An- ctus, * San- ctus, San- ctus Dómi-nus De- us

Sá- ba- oth. Ple-ni sunt cae-li et ter-ra gló- ri- a

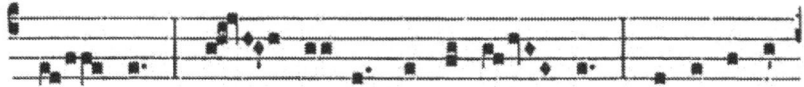

tu- a. Ho- sánna in excél- sis. Be-ne-díctus

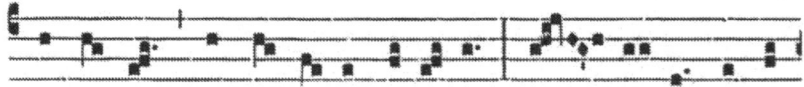

qui ve- nit in nó-mi-ne Dómi- ni. Ho- sánna in ex-

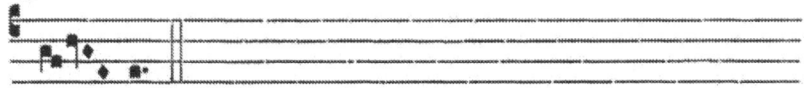

cél- sis.

XII. s.

4.

A - gnus De- i, * qui tol- lis pec- cá- ta

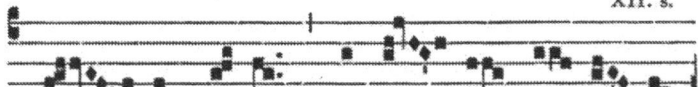

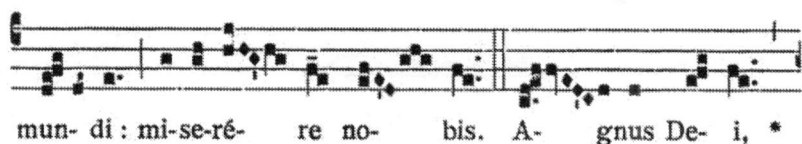

mun- di : mi-se-ré-　re no-　bis. A-　gnus De- i, *

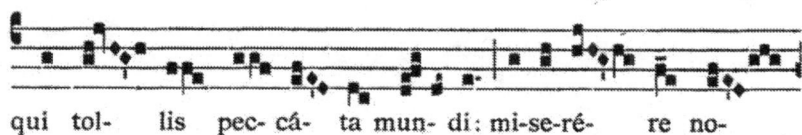

qui tol-　lis pec- cá-　ta mun- di : mi-se-ré-　re no-

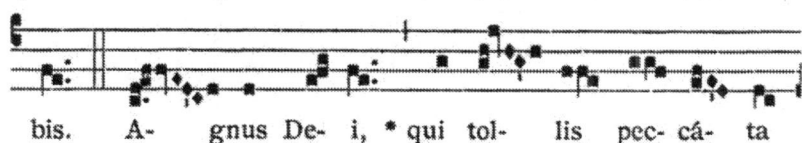

bis. A-　gnus De- i, * qui tol-　lis pec- cá-　ta

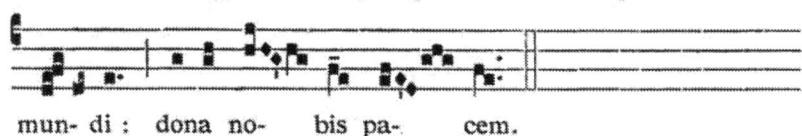

mun- di : dona no-　bis pa-　cem.

8.

I

　　- te,　　　　missa est.
De- o　　　　grá-ti- as.

VI. — In festis II. classis. 3.

(Kyrie Rex Genitor)

X. s.

7.

K

Y-ri- e　　* e-　lé- i- son. Ký-ri- e

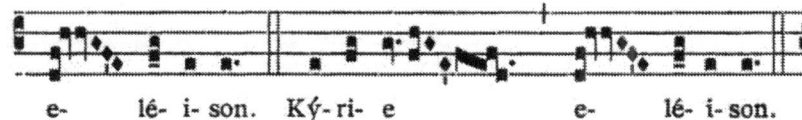

e-　lé- i- son. Ký-ri- e　　　e-　lé- i- son.

Chri- ste e- lé- i-son. Chri- ste e- lé- i-

son. Chri- ste e- lé- i-son. Ký-ri- e e-

lé- i-son. Ký- ri- e e- lé- i- son. Ký-ri-

e * **

e- lé- i-son.

X. s.

8.

G Ló- ri- a in excél-sis De- o. Et in ter- ra pax

homí- ni-bus bonae vo-luntá- tis. Laudámus te. Bene-dí-

cimus te. Ado-rámus te. Glo-ri- fi- cámus te.

Grá-ti- as ágimus ti-bi propter ma-gnam gló- ri- am tu- am.

Dómi- ne   De- us, Rex caelé- stis,   De- us Pa-   ter omní- pot-

ens. Dómi- ne   Fi- li   u-nigé-ni- te   Je- su Christe.   Dó-

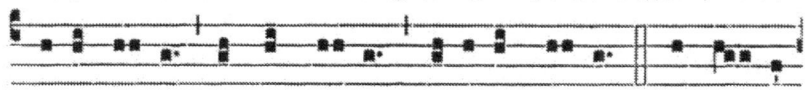

mi-ne De- us,   Agnus De- i,   Fí- li- us Pa- tris.   Qui   tol- lis

pec- cá-ta mundi,   mi- se- ré- re no- bis.   Qui tol- lis pec-

cá- ta mun- di,   sús- ci- pe depreca- ti- ó-nem nostram.

Qui se- des   ad déxte-ram Pa-   tris,   mi- se- ré- re no- bis.

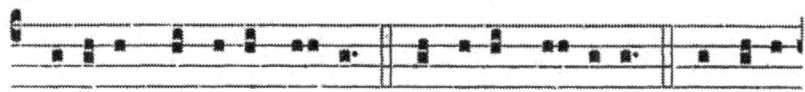

Quóni- am tu so-lus sanctus.   Tu so-lus Dó- mi-nus.   Tu so-lus

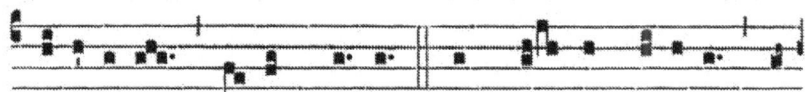

Altíssimus,   Je-su Chri- ste.   .Cum San-cto Spí-ri- tu,   in

gló- ri- a De- i   Pa-tris.   A-   men.

XI. s.

3.

SAnctus, * Sanctus, Sanctus Dóminus De- us Sá-

ba- oth. Ple-ni sunt cae- li et ter-ra gló- ri- a tu- a.

Ho- sánna in ex- cél- sis. Be-ne- díctus qui ve-nit

in nó- mi- ne Dómi- ni. Ho- sánna in ex-

cél- sis.

XI. s.

8.

A- gnus De- i, * qui tol- lis pec- cá-ta mun-

di : mi-se- ré- re no- bis. A- gnus De- i, * qui tol-

lis pec- cá-ta mun-di : mi-se- ré- re no- bis. A- gnus

De- i, * qui tol- lis pec- cá- ta mun- di : dona no-

bis pa- cem.

8.

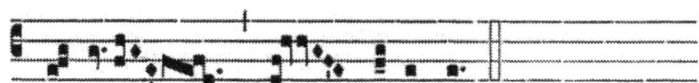

I　- te,　missa est.
De- o　grá- ti- as.

VII. — In festis II. classis. 4.

(Kyrie Rex splendens)

X. s.

8.

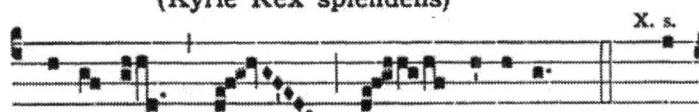

K Y- ri- e * e- lé- i-son. *iij.* Chri-

ste e- lé- i-son. *iij.* Ký-

ri- e * e- lé- i-son. *iij.*

XII. s.

6.

G Ló-ri- a in excélsis De- o. Et in ter-ra pax homí-ni-bus bonae vo-luntá- tis. Laudámus te. Be-ne-dí- cimus

te. Ado- rámus te. Glo-ri- fi-cámus te. Grá-ti- as á- gi-

mus ti-bi propter magnam gló-ri- am tu- am. Dómi-ne De- us,

Rex cae-lé-stis, De- us Pa- ter omní- pot-ens. Dómi-ne Fí- li

u-ni-gé-ni- te Je-su Chri-ste. Dómi-ne De- us, Agnus

De- i, Fí- li- us Pa-tris. Qui tol-lis peccá-ta mun-di, mi-

se-ré- re no-bis. Qui tollis peccá-ta mun-di, súsci- pe de-

pre-ca-ti- ó-nem nostram. Qui se-des ad déxte-ram Pa-tris,

mi-se-ré-re no- bis. Quó-ni- am tu so-lus sanctus. Tu so-lus

Dóminus. Tu so-lus Altíssimus, Je-su Chri- ste. Cum San-

cto Spí- ri-tu, in gló-ri- a De- i Pa-tris.   A- men.

XI. s.

8.

SAn- ctus, * San-   ctus, San-   ctus Dómi-nus

De- us Sá-   ba- oth. Ple-ni sunt caeli et ter-

ra gló-ri- a tu-   a. Ho-   sánna in ex- cél-

sis. Be- ne-dí- ctus qui   ve-   nit in nómi-ne Dó-

mi-ni. Ho- sánna in ex- cél-   sis.

XV. s.

8.

A- gnus De- i, * qui   tol- lis peccá-ta mundi :

mi-se-ré-   re no- bis. Agnus De- i, * qui   tol- lis

VIII. — In festis II. classis. 5.

peccá-ta   mundi :   mi- se- ré-   re   no-   bis.   Agnus

De-   i, *qui tol-lis peccá-   ta mun-di :   dona no-   bis

pa-   cem.

8.

I   - te,
    De- o

missa   est.
grá- ti-   as.

VIII. — In festis II. classis. 5.

(de Angelis)

XV-XVI. s.

5.

K   Y- ri-   e   *   e-   lé- i-son. *iij.* Chri-

ste   e-   lé- i-son. *iij.* Ký-ri-   e

e-   lé- i-son. *ij.* Ký-ri- e   **

e-   lé- i-son.

XVI. s.

5.

G Ló-ri- a in excélsis De- o.   Et in terra pax ho-

mí-ni-bus bonae vo-luntá- tis.   Laudá- mus te.   Be-ne-dí-

cimus te.   Ado-rá- mus te.   Glo-ri- fi-cámus te.   Grá-

ti- as á-gimus ti- bi   propter magnam gló-ri- am tu- am.

Dómi-ne De- us, Rex caelé-stis, De- us Pa-ter omní- pot- ens.

Dómi-ne Fi- li u-ni-gé-ni- te   Je-su Chri-ste.   Dómi-ne

De- us, Agnus De- i, Fí- li- us Pa- tris. Qui tol-lis peccá-

VIII. — In festis II. classis. 5.

ta mun- di, mi-se-ré- re no- bis. Qui tol-lis peccá-ta mun-

di, súsci-pe depre-ca-ti- ó-nem no-stram. Qui se-des ad

déxte- ram Pa-tris, mi-se-ré-re no-bis. Quó-ni- am tu so-lus

sanctus. Tu so-lus Dó-mi-nus. Tu so-lus Al-tíssimus,

Je-su Chri-ste. Cum Sancto Spí-ri-tu, in gló-ri- a De- i

Pa- tris. A- men.

6.

(XI) XII. s.

S An- ctus, * Sanctus, San- ctus Dó- mi- nus

De- us Sá- ba- oth. Ple-ni sunt cae- li et

ter- ra gló- ri- a tu- a. Ho-sánna in excél- sis.

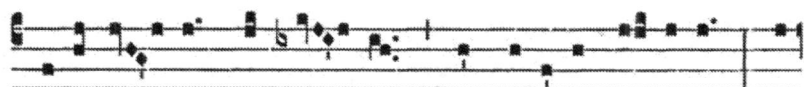

Bene- dí- ctus qui ve- nit　in nómi-ne Dó- mi-ni.　Ho-

sán- na　in excél- sis.

XV. s.

6.

A - gnus De- i, * qui tol-lis peccá-ta mun-di : mi-se-

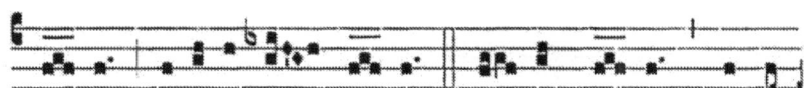

ré- re　no- bis.　Agnus De- i, * qui tol- lis peccá-ta

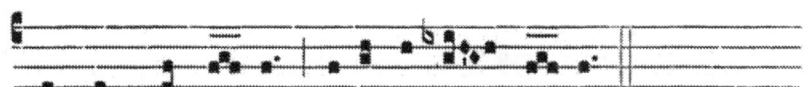

mun-di : mi-se-ré- re　no- bis.　A-gnus De- i, * qui tol-

lis peccá-ta mun-di : dona no- bis　pa- cem.

5.

I - te,　　missa est.

Ŗ. De- o　　grá-ti- as.

IX. — In festis B. Mariae Virginis. I.

(Cum jubilo)

XII. s.

I.

KY- ri- e * e-lé- i-son. Ký- ri- e e-lé- i-

son. Ký- ri- e e- lé- i-son. Chri- ste e- lé- i-

son. Chri- ste e-lé- i-son. Chri- ste e- lé- i-

son. Ký-ri- e e- lé- i- son. Ký- ri- e

e-lé- i- son. Ký-ri- e * **

e-lé- i- son.

XI. s.

7.

GLó- ri- a in excélsis De- o. Et in ter-ra pax ho-

mí- ni- bus bonae vo-luntá- tis. Laudá- mus te. Be-ne-

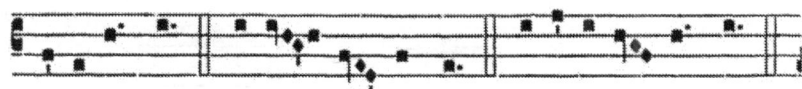

dí-cimus te. Ado- rá- mus te. Glo-ri- fi-cá- mus te.

Grá-ti- as á-gimus ti- bi propter magnam gló- ri- am tu- am.

Dómi-ne De- us, Rex cae- léstis, De- us Pa- ter omní-

pot- ens. Dómi-ne Fi- li u-ni-gé- ni-te Je-su Chri- ste.

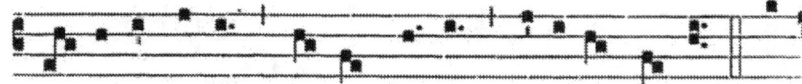

Dó- mi-ne De- us, Agnus De- i, Fí- li- us Pa-tris. Qui

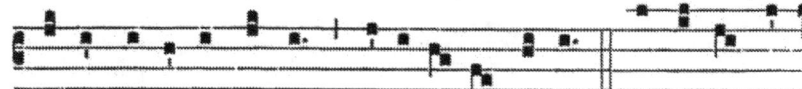

tol-lis peccá-ta mundi, mi-se-ré- re no-bis. Qui tol-lis pec-

cá- ta mundi, sús- ci-pe depre-ca- ti- ó- nem nostram.

Qui se-des ad déxte-ram Patris, mi-se-ré- re no-bis. Quóni- am tu so-lus sanctus. Tu so-lus Dómi-nus. Tu so-lus Altíssi-

mus, Je-su Chri- ste. Cum Sancto Spí-ri-tu, in gló-ri- a

De- i Pa- tris. A- men.

XIV. s.

5.

S An- ctus, * San-ctus, San- ctus Dómi-nus

De- us Sá- ba- oth. Ple-ni sunt cae-li et ter- ra gló-

ri- a tu- a. Ho-sán-na in excél- sis. Be- ne-díctus

qui ve- nit in nó- mi- ne Dó- mi-ni. Ho-

sánna in ex-cél- sis.

(X) XIII. s.

5.

A -gnus De- i, * qui tol- lis peccá-ta mundi : mi- se- ré-re no- bis.   Agnus De- i, * qui tol-

lis peccá- ta mundi :   mi- se- ré- re no- bis.   Agnus

De- i, * qui tol- lis   peccá-ta mun- di :   do-na

no- bis pa- cem.

I.

I - te,   missa est.

R. De- o   grá-ti- as.

X. — In festis B. Mariae Virginis. 2.

(Alme Pater)

XI. s.

I.

K Y- ri- e * e- lé- i-son. Ký-ri- e e- lé- i-son.

Ký- ri- e e- lé- i- son. Christe e- lé- i- son. Chri-

ste e- lé- i- son. Christe e- lé- i- son. Ký- ri- e

e- lé- i-son. Ký- ri- e e- lé- i-son. Ký-ri- e   *

**   e- lé- i-son.

XV. s.

8.

G ló- ri- a in excélsis De- o. Et in terra pax ho-

mí-ni-bus bonae vo-luntá- tis. Laudámus te. Be-ne-dí-cimus

te. Ado-rámus te. Glo-ri- fi-cámus te. Grá-ti- as á-gimus

ti- bi propter magnam gló-ri- am tu- am. Dómi- ne De- us,

Rex caeléstis, De- us Pa-ter omní- pot-ens. Dómi-ne Fí- li

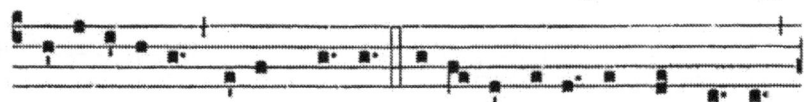

u-ni-gé-ni-te   Je-su Chri-ste. Dómi- ne De- us, Agnus De- i,

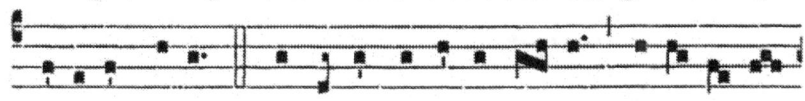

Fí- li- us Patris.   Qui tol-lis peccá-ta mun-di,   mi-se- ré- re

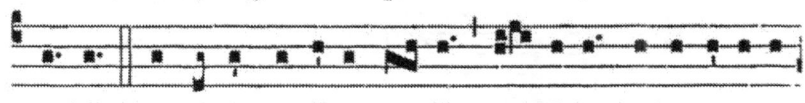

no- bis. Qui tol-lis peccá-ta mun-di,   sús- ci-pe depre-ca-ti- ó-

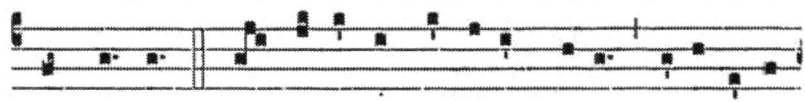

nem nostram. Qui   se-des ad déxte-ram Patris, mi-se-ré- re

no- bis. Quóni- am tu so- lus sanctus. Tu so-lus Dó-mi-nus.

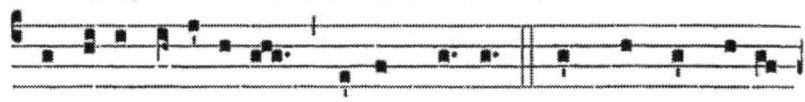

Tu so-lus Altíssimus,   Je-su Chri-ste.   Cum Sancto Spí-ri-

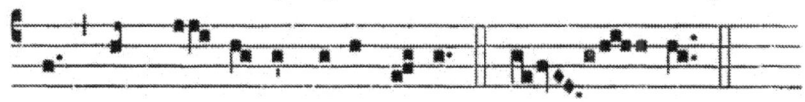

tu,   in gló- ri- a De- i Pa-tris.   A-   men.

4.
S Anctus, * San- ctus, Sanctus Dómi-nus De- us Sá-

ba- oth. Ple-ni sunt caeli   et terra   gló-ri- a tu- a. Ho-sánna   in excél- sis.   Be-ne-díctus qui ve- nit   in nómi-ne Dó-

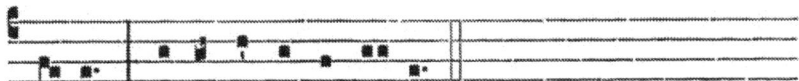

mi- ni.   Ho-sánna   in excél- sis.

XII. s.

4.

A   -gnus De- i,   * qui tol-lis pec-cá-ta mundi :   mi- se-

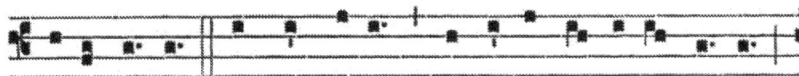

ré-re no- bis.   Agnus De- i,   * qui tol-lis pec-cá-ta mundi :

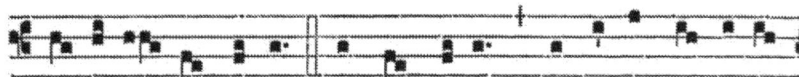

mi- se-ré- re no- bis.   Agnus De- i,   * qui tol-lis pec-cá-ta

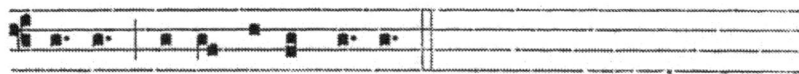

mundi :   do-na no-bis pa- cem.

Ite missa est, *ut in Missa praecedenti.*

XI. — In Dominicis infra annum.

(Orbis factor)

(X) XIV-XVI. s.

I.

K   Y-ri- e   * e-   lé- i-son. *iij.* Chri-ste

e- lé- i-son. *iij.* Ký-ri- e e- lé- i-son *ij.*

Ký- ri- e * e- lé- i- son.

X. s.

2.

G Ló- ri- a in excélsis De- o. Et in terra pax

homí- ni- bus bonae vo- luntá- tis. Laudámus te. Be-ne-

dí- cimus te. Ado-rámus te. Glo-ri- fi-cámus te.

Grá-ti- as ágimus ti-bi propter magnam gló- ri- am tu- am.

Dómi- ne De- us, Rex cae-lé-stis, De- us Pa- ter omní- pot-

ens. Dómi- ne Fi- li u-ni-gé-ni-te Je- su Chri-ste.

Dómi- ne De- us, Agnus De- i, Fí- li- us Pa-tris. Qui

tol-lis peccá-ta mun- di, mi- se- ré- re no- bis. Qui tol-lis

peccá-ta mun- di, súsci-pe depre-ca-ti- ó-nem nostram. Qui

se-des ad déx- te-ram Pa-tris, mi-se- ré-re no- bis. Quóni- am

tu so-lus sanctus. Tu so- lus Dómi-nus. Tu so- lus Altís-

simus, Je- su Chri-ste. Cum Sancto Spí- ri- tu, in gló-

ri- a De- i Pa- tris. A- men.

XI. s.

2.

S Anctus, * San- ctus, Sanctus Dó-mi-nus De- us

Sá- ba- oth. Ple- ni sunt cae- li et ter- ra gló- ri- a

tu- a Ho-sánna in ex- cél-sis. Be-ne-díctus qui

ve- nit　　in　nó- mi- ne　Dó-mi- ni.　　　Ho-sánna

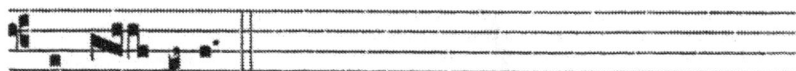

in ex- cél-sis.

XIV. s.

I.

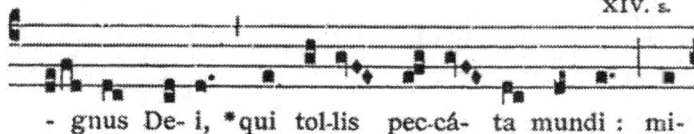

A　- gnus De- i, *qui tol-lis pec-cá- ta mundi : mi-

se-ré- re　no-bis.　Agnus De- i, * qui　tol- lis peccá-ta

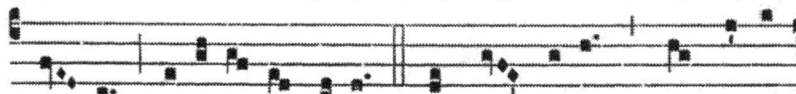

mun- di : mi-se-ré- re　no-bis.　　Agnus De- i, * qui　tol-lis

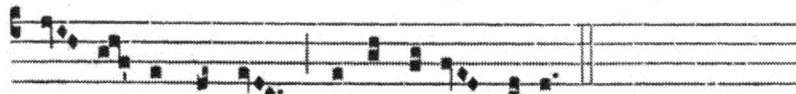

pec- cá- ta mundi :　do-na nobís　pa-cem.

I.

I　- te,　　mis-　　sa　est.

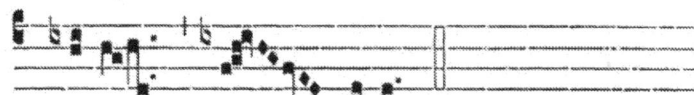

Ṛ. De- o　　grá-　　ti- as.

XII. — In festis III. classis. 1.

(Pater cuncta)

XII. s.

8.

K Y-ri- e   * e- lé- i-son. *iij.* Christe   e-lé- i-

son. *iij.* Ký-ri- e   e- lé- i-son. *ij.* Ký-ri- e   *

e-lé- i-son.

XII. s.

4.

G Ló- ri- a   in excélsis De-   o.   Et in terra pax

homí-ni-bus   bonae vo-luntá- tis. Laudámus te.   Bene-dí-ci-

mus te.   Ado-rámus te. Glo-ri- fi-cámus tc. Grá-ti- as ági-

mus ti-bi   propter magnam gló-ri- am tu- am. Dómi-ne De- us,

Rex caeléstis,   De- us Pa-ter omní-pot-ens.   Dómi-ne Fi- li

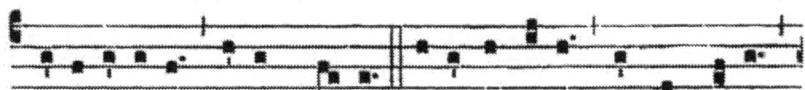

u-ni-gé-ni-te Je-su Chri-ste. Dómi-ne De- us, Agnus De- i,

Fí- li- us Pa-tris. Qui tol-lis peccá-ta mundi, mi-se- ré-re

no- bis. Qui tol-lis peccá-ta mundi, súsci-pe depre-ca- ti- ó-

nem nostram. Qui se-des ad déxte-ram Patris, mi-se- ré-re

no- bis. Quó-ni- am tu so- lus sanctus. Tu so-lus Dómi-nus.

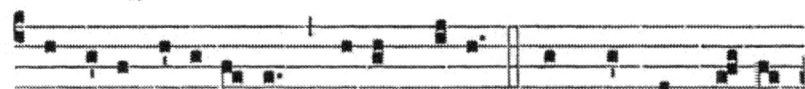

Tu so-lus Altíssi-mus, Je-su Christe. Cum Sancto Spí- ri-

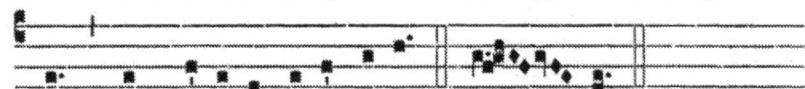

tu, in gló-ri- a De- i Patris. A- men.

XIII. s.

2.

S

An- ctus, * Sanctus, San- ctus Dómi-nus

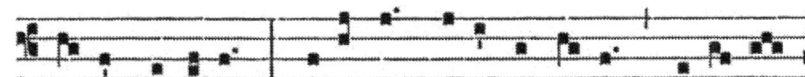

De- us Sá-ba- oth. Ple-ni sunt caeli et ter-ra gló-ri- a

tu- a.   Ho- sánna   in excél-   sis.   Be-ne-díctus qui ve-

nit   in nó-mi-ne Dó-mi-ni.   Ho-sánna   in excél-   sis.

XI. s.

2.

A   -gnus De-   i, * qui tol- lis peccá- ta mundi :

mi- se- ré- re no- bis.   Agnus De- i, * qui tollis peccá-ta

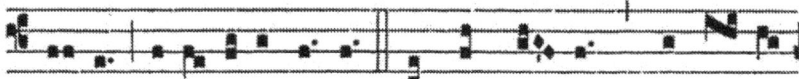

mun-di : mi-se- ré-re no- bis.   Agnus De-   i, * qui tol- lis

peccá-   ta mundi :   do-na   no-bis pa- cem.

8.

I   - te,   mis- sa   est.
De- o   grá- ti- as.

XIII. — In festis III. classis. 2.

[Stelliferi Conditor orbis]

XI. s.

I.

K   Y- ri- e   * e-   lé- i- son. *iij.* Christe

e- lé- i-son. *iij.* Ký-ri- e   e- lé- i-son. *ij.* Ký-ri-

e   *   **   e- lé- i-scn.

XII. s.

I.

G

Ló- ri- a in excélsis De- o.   Et in terra pax ho-

mí- ni-bus bonae vo-luntá- tis.   Laudámus te.   Be-ne-dí-cimus

te.   Ado- rámus te.   Glo-ri- fi-cámus te.   Grá-ti- as á-gimus

ti- bi   propter magnam gló- ri- am tu- am.   Dómi-ne De- us,

Rex cae-lé- stis, De- us Pa-ter   omní-pot-ens.   Dómi-ne Fi- li

u-ni-gé- ni- te   Je- su Chri-ste.   Dómi-ne De- us,   Agnus

De- i,   Fí- li- us Patris.   Qui   tol-lis peccá-ta mundi,   mi-se-ré- re no- bis. Qui tol-lis peccá-ta mundi, súsci-pe depre-

ca-ti- ó-nem nostram. Qui sedes ad déxte- ram Pa-tris, mi-se-

ré- re no- bis. Quó-ni- am tu so-lus sanctus. Tu so-lus Dómi-

nus. Tu so-lus Altís-simus, Je- su Chri-ste. Cum Sancto

Spí-ri-tu, in gló-ri- a De- i Pa-tris. A- men.

XIII. s.

8.

S Anctus, * Sanctus, Sanctus Dóminus De- us Sá-

ba- oth. Ple-ni sunt caeli et terra gló-ri- a tu- a. Ho-sán-

na in ex- cél-sis. Be-ne-díctus qui ve- nit in nómi-ne Dómi-

ni. Ho-sánna in ex-cél-sis.

I.

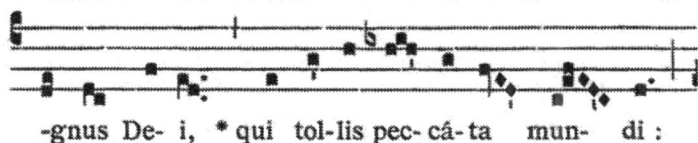

A -gnus De- i, * qui tol-lis pec- cá- ta mun- di :

mi-se-ré-re no-bis. Agnus De- i, * qui tol- lis pec-

cá-ta mundi : mi-se-ré- re no- bis. Agnus De- i, *

qui tol-lis pec-cá-ta mun- di : do-na no-bis pa-cem.

I.

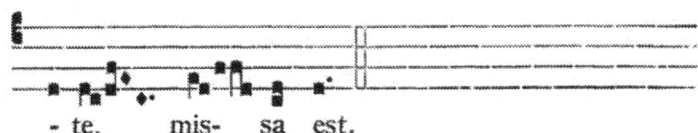

I - te, mis- sa est.

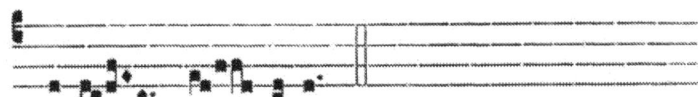

R̶. De- o grá- ti- as.

XIV. — In festis III. classis. 3.

(Jesu Redemptor)

8.

K Y- ri- e * e- lé- i- son. iij. Chri-ste e- lé- i-son. *iij.* Ký- ri- e

e- lé- i- son. *ij.* Ký- ri- e *

e- lé- i- son.

X. s.

3.

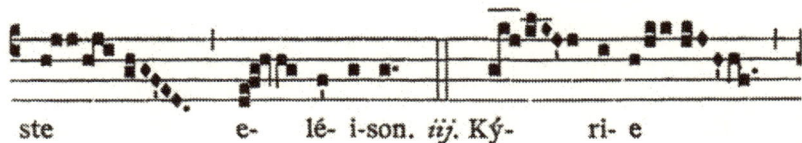

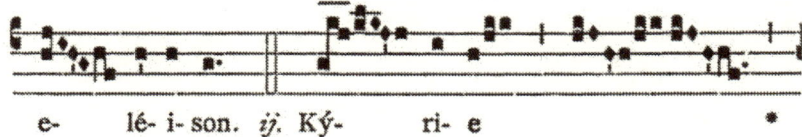

G Ló- ri- a in excélsis De- o. Et in ter-ra pax

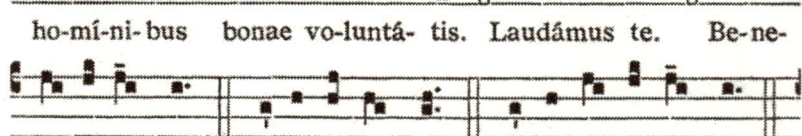

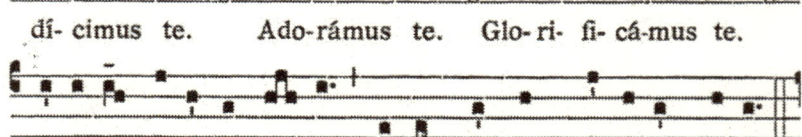

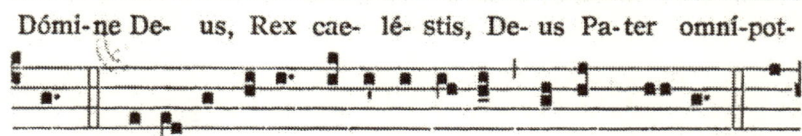

ho-mí-ni-bus bonae vo-luntá- tis. Laudámus te. Be-ne-

dí- cimus te. Ado-rámus te. Glo-ri- fi- cá-mus te.

Grá-ti- as á-gimus ti- bi propter magnam gló-ri- am tu- am.

Dómi-ne De- us, Rex cae- lé- stis, De- us Pa- ter omní-pot-

ens. Dómi- ne Fi- li u-ni-gé- ni- te Je-su Chri-ste. Dó-

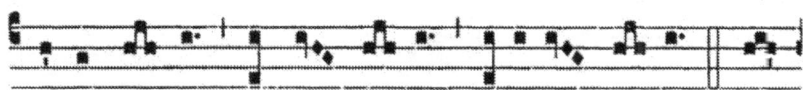

mi-ne De- us, Agnus De- i, Fí-li- us Pa- tris. Qui

tol-lis peccá-ta mun-di, mi- se- ré- re no-bis. Qui

tol-lis peccá-ta mun-di, sús-ci-pe depre-ca-ti- ó-nem no-

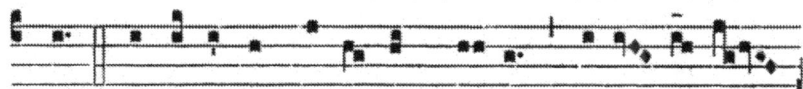

stram. Qui se-des ad déxte- ram Pa- tris, mi-se- ré- re

no-bis. Quóni- am tu so-lus sanctus. Tu so-lus Dómi-nus.

Tu so-lus Altíssi-mus, Je-su Chri- ste. Cum Sancto Spí-

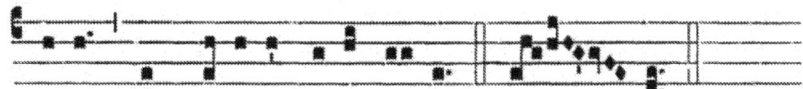

ri-tu, in gló-rí- a De- i Pa-tris. A- men.

XII. s.

S An- ctus, * San- ctus, San- ctus Dómi-

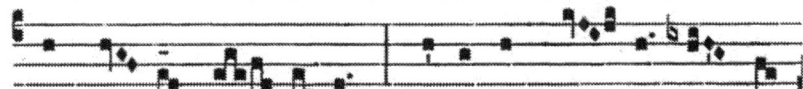

nus De- us Sá- ba- oth. Ple-ni sunt cae- li et terra gló-ri- a tu- a. Ho- sánna in excél- sis.

Be- ne- dí- ctus qui ve- nit in nómi-ne Dó-

mi- ni. Ho- sánna in excél- sis.

XIII s.

8.

A -gnus De- i, *qui tol- lis peccá- ta mundi : mi-

se-ré- re no- bis. Agnus De- i, *qui tol-lis peccá- ta mun-

di : mi-se-ré- re no- bis. Agnus De- i, *qui tol- lis pec-

cá- ta mundi : do-na no- bis pa- cem.

8.

I - te, mis- sa est.
De- o grá- ti- as.

XV. — In Commemorationibus
et in feriis temporis natalicii.

(Dominator Deus)

K Ký-ri- e * e- lé- i-son. Ký-ri- e e- lé- i- son.

Ký-ri- e e- lé- i-son. Christe e- lé- i-son. Chri- ste

e- lé- i-son. Christe e- lé- i-son. Ký-ri- e

e- lé- i-son. Ký-ri- e e- lé- i-son. Ký-ri- e * e-

lé- i-son.

X. s.

G Ló-ri- a in excélsis De- o. Et in terra pax homí-

ni-bus bonae vo-luntá-tis. Laudámus te. Be-ne-dí-cimus te.

Ado-rámus te. Glo-ri-fi-cámus te. Grá-ti- as á-gimus ti-bi

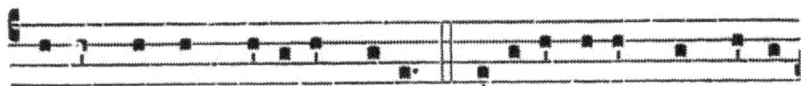

propter magnam gló-ri- am tu- am. Dómi-ne De- us, Rex cae-lé-

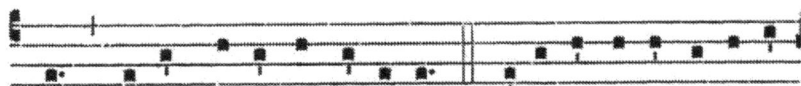

stis, De- us Pa-ter omní-pot-ens. Dómi-ne Fi- li u-ni-gé-

ni-te Je-su Christe. Dómi-ne De- us, Agnus De- i, Fí-

li- us Patris. Qui tol-lis peccá-ta mundi, mi-se-ré-re no-bis.

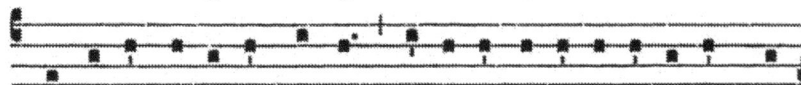

Qui tol-lis peccá-ta mundi, súsci-pe depre-ca- ti- ó-nem no-

stram. Qui se-des ad déxte- ram Patris, mi-se-ré-re no-bis.

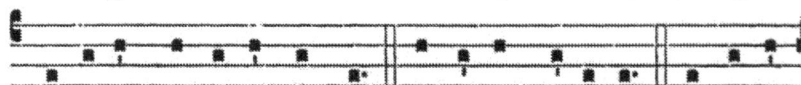

Quó-ni- am tu so-lus sanctus. Tu so-lus Dómi-nus. Tu so-lus

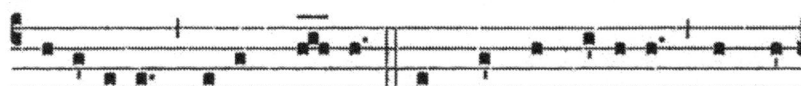

Altíssimus, Je-su Chri- ste. Cum Sancto Spí-ri-tu, in gló-

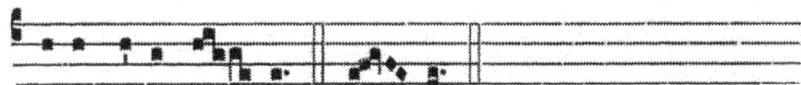

ri- a De- i Pa- tris. A- men.

X. s.

2.

SAnctus, * Sanctus, Sanctus Dómi-nus De- us Sá-

ba- oth. Ple-ni sunt cae-li et ter-ra gló- ri- a tu- a.

Ho- sánna in excél-sis. Be-ne-díctus qui ve- nit in

nómi-ne Dó-mi-ni. Ho- sánna in excél-sis.

(XII) XIV. s.

I.

A-gnus De- i, * qui tol-lis peccá-ta mundi : mi-se-

ré- re no- bis. Agnus De- i, * qui tol- lis peccá-ta mun-

di : mi-se-ré- re no- bis. Agnus De- i, * qui

tol-lis peccá-ta mundi : dona no-bis pa- cem.

4.

I - te, mis-sa est. R℣. De- o grá- ti- as.

*Hic tonus adhiberi potest ad libitum in omnibus Missis in quibus
cantatur* Ite. missa est. *sine* Allelúia.

XVI. — In feriis per annum.

XI-XIII. s.

3.

KY-ri- e * e-lé- i-son. *iij.* Christe e-lé- i-son. *iij.* Ký-

ri- e e-lé- i-son. *ij.* Ký-ri- e * e-lé- i-son.

XIII. s.

2.

SAnctus, * Sanctus, Sanctus Dómi-nus De- us Sá-

ba- oth. Ple-ni sunt cae-li et terra gló-ri- a tu- a. Ho-sán-

na in excél- sis. Bene-díctus qui ve- nit in nó-mi- ne

Dómi-ni. Ho-sánna in excél-sis.

X-XI. s.

I.

A-gnus De- i, * qui tol-lis peccá-ta mun- di : mi-

se-ré- re no- bis. Agnus De- i, * qui tol-lis peccá-ta mun-

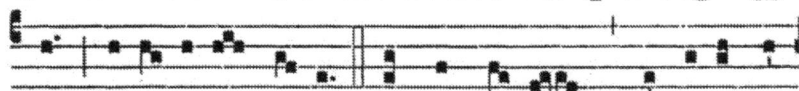

di : mi-se-ré-re no-bis. Agnus De- i, * qui tol-lis pec-

cá-ta mun- di : do-na no- bis pa- cem.

4.

I - te, mis-sa est. R︦/. De- o grá- ti- as.

XVII. — In Dominicis
Adventus et Quadragesimae.

(X) XV-XVII. s.

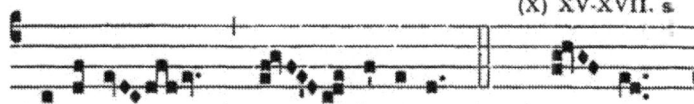

1.

K Y-ri- e * e- lé- i-son. *iij.* Chri- ste

e- lé- i-son. *iij.* Ký- ri- e e- lé- i- son. *ij.*

Ký- ri- e * ** e-

lé- i-son.

Vel, ubi moris est :

XIV. s.

6.

KY-ri- e * e- lé- i-son. *iij.* Christe e-

lé- i-son. *iij.* Ký-ri- e e- lé- i- son. *ij.* Ký-ri-

e * e- lé- i-son.

XI. s.

5.

S An- ctus, * San-ctus, San- ctus Dómi-nus De- us

Sá- ba- oth. Ple-ni sunt cae- li et ter- ra gló-ri- a

tu- a. Ho- sánna in excél- sis. Be- ne- díctus

qui ve-nit in nó-mi-ne Dómi-ni. Ho- sánna in

excél- sis.

XIII. s.

5.

A -gnus De- i, * qui tol- lis peccá- ta mundi : mi-

se-ré-re no- bis.   Agnus De- i, * qui tol- lis peccá- ta mun-

di : mi-se-ré re no- bis.   Agnus De- i, * qui tol- lis pec-

cá- ta mundi : do-na no-bis pa- cem.

Ite, missa est *cantatur ut in Missa XV.*

XVIII. — In feriis Adventus et Quadragesimae,

In vigiliis, feriis IV temporum et in Missa Rogationum.

[Deus Genitor alme]

XL s.

4.

K Y- ri- e * e-lé- i-son. *iij.* Christe e- lé- i-son. *iij.*

Ký- ri- e e-lé- i-son. *ij.* Ký-ri- e * e- lé- i-son.

XIII. s.

Anctus, * Sanctus, Sanctus Dóminus De- us Sá-

ba- oth. Ple-ni sunt caeli et terra gló-ri- a tu- a. Ho-sánna

in excélsis. Be-ne-díctus qui ve-nit in nómine Dómi-ni.

Ho-sánna in excélsis.

XII. s.

A -gnus De- i, * qui tol-lis peccá-ta mundi : mi-se-

ré-re no- bis. Agnus De- i, * qui tol-lis peccá-ta mundi :

mi-se-ré-re no- bis. Agnus De- i, * qui tol-lis peccá-ta mun-

di : do-na no-bis pa-cem.

Ite, missa est *cantatur ut in Missa XV.*

BENEDICAMUS DOMINO.

Quando post Missam sequitur aliqua processio, loco Ite, missa est *cantatur:*

5.

Bene-di-cámus Dó- mi- no.

R̸. De- o grá- ti- as.

vel ad libitum:

Bene-di-cámus Dómi-no. R̸. De- o grá-ti- as.

Credo.

I.

XI. s.

4.

CRe-do in unum De- um, Patrem omni-pot-éntem, fa-

ctó- rem cae-li et terrae, vi-si-bí- li- um ómni- um, et in-

vi-si-bí- li- um. Et in unum Dómi-num Je-sum Christum,

Fí-li- um De- i u-ni-gé-ni- tum. Et ex Patre na-tum ante

ómni- a saécu- la. De- um de De- o, lumen de lúmine,

De- um ve-rum de De- o ve-ro. Gé-ni-tum, non factum, consub-

stanti- á-lem Patri : per quem ómni- a facta sunt. Qui pro-

pter nos hómi-nes, et propter nostram sa-lú-tem descéndit de

cae-lis. Et incarná-tus est de Spí-ri-tu Sancto ex Ma-rí- a

Vírgi- ne : Et homo factus est. Cru-ci- fí-xus ét-i- am pro

no-bis : sub Pónti- o Pi- lá-to passus, et sepúl-tus est. Et

re-surréxit térti- a di- e, se-cúndum Scriptú-ras. Et ascén-

dit in caelum : se-det ad déxte-ram Patris. Et í-te-rum ventúrus est cum gló-ri- a, ju-di-cá-re vivos et mórtu- cs :

cu-jus regni non e- rit fi- nis. Et in Spí- ri- tum Sanctum,

Dómi-num, et vi-vi- fi-cántem : qui ex Patre Fi- li- óque pro-

cé- dit. Qui cum Patre et Fí- li- o simul ad-o-rá-tur, et

conglo-ri- fi-cá-tur : qui lo-cú-tus est per Prophé- tas. Et unam

sanctam cathó-li- cam et a-postó-li-cam Ecclé-si- am. Con-

fí- te- or unum baptísma in remissi- ó-nem pecca-tó- rum.

Et exspécto re-surrecti- ó-nem mortu- ó- rum. Et vi- tam

ventú- ri saé-cu-li. A- men.

¶ *Praeter praecedentem tonum authenticum, alii subsequentes usu jam recepti assumi possunt.*

II.

Re-do in unum De- um, Patrem omni-pot-éntem,

factó-rem cae-li et terrae, vi- si- bí- li- um ómni- um, et

invi-si-bí-li- um. Et in unum Dómi-num Je-sum Christum,

Fí- li- um De- i u-ni-gé-ni-tum. Et ex Patre na-tum ante

ómni- a saécu-la. De- um de De- o, lumen de lúmi-ne,

De- um ve- rum de De- o ve-ro. Gé-ni-tum, non factum, con-

substanti- á-lem Patri : per quem ómni- a facta sunt. Qui

propter nos hómi-nes, et propter nostram sa-lú-tem descéndit

de cae- lis. Et incarná-tus est de Spí- ri- tu Sancto ex

Ma-rí- a Vírgi-ne : Et homo factus est. Cru-ci-fí-xus ét-i- am

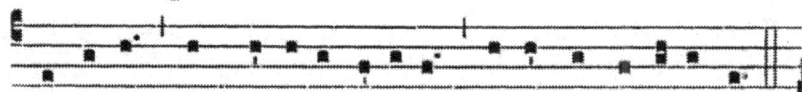

pro no-bis : sub Pónti- o Pi-lá-to   passus, et se-púltus est.

Et re-surré-xit tér-ti- a di- e,   se-cúndum Scriptú-ras.

Et ascéndit in caelum : se-det ad déxte-ram Patris.   Et

ít-e-rum ventúrus est cum gló-ri- a,   ju-di-cá-re vi-vos et

mórtu- os : cu-jus regni non e- rit fi-nis.   Et in Spí-ri- tum

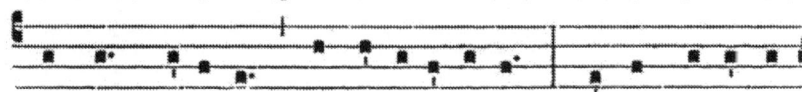

Sanctum, Dómi-num,   et vi-vi- fi-cántem : qui   ex Patre Fí-

li- óque pro-cé- dit. Qui cum Patre   et Fí- li- o   simul ado-

rá-tur,   et conglo-ri- fi-cá-tur : qui   lo-cú-tus est per Prophé- tas.   Et u-nam sanctam cathó-li-cam   et apostó-li-cam

Ecclé- si- am. Confí- te- or unum baptísma   in remissi- ó-

nem pecca-tó-rum.   Et exspécto re-surrecti- ó-nem mortu- ó-

rum.   Et vi-tam ventú-ri saécu- li.   A-   men.

III.

XVII. s.

5.

Redo in unum De- um, Patrem omni-pot-éntem,

factó- rem caeli   et terrae, vi- si-bí-li- um ó-mni- um, et in-

vi- si- bí-   li- um. Et in unúm Dómi-num Je- sum Christum,

Fí- li- um De- i u-ni-gé-ni-tum. Et ex Patre na- tum ante

ómni- a saé- cu-la. De- um de De- o, lumen de lúmi-ne,

De- um ve-rum de De- o ve-ro. Gé-ni-tum, non fa- ctum, con-

substanti- á-lem Patri : per quem ómni- a fa-cta sunt. Qui

propter nos hómi-nes, et propter nostram sa- lú-tem descén-

dit de cae-lis. Et incarná-tus est de Spí-ri-tu Sancto ex

Ma-rí- a Vírgi-ne : Et homo factus est. Cru-ci- fí- xus

ét-i- am pro no-bis : sub Pónti- o Pi-lá-to passus, et se-púl-

tus est. Et re-surré-xit térti- a di- e, se-cúndum Scri-

ptú- ras. Et ascéndit in cae- lum : se-det ad déxte- ram Pa-

Credo III.

tris. Et í-te-rum ventú-rus est cum gló-ri- a, ju-di-cá-re

vi-vos et mórtu- os : cu-jus regni non e-rit fi- nis. Et in

Spí- ri- tum Sanctum, Dómi-num, et vi-vi-fi-cántem : qui ex

Patre Fi- li- óque pro- cé-dit. Qui cum Patre et Fí- li- o

simul ad-o-rá-tur, et conglo-ri- fi-cá-tur : qui lo-cú-tus est

per Prophé-tas. Et unam sanctam cathó-li-cam et a-po-

stó- li- cam Ecclé- si- am. Confí- te- or unum ba-ptísma

in remissi- ó-nem pecca-tó-rum. Et exspécto re-surre-

cti- ó-nem mortu- ó-rum. Et ví- tam ventú-ri saé-cu- li.

A- men.

IV.

XV. s.

Re-do in unum De- um, Patrem omni-pot-én- tem.

factó-rem cae-li et ter-rae, vi-si-bí-li- um ómni- um, et in-

vi-si-bí- li- um. Et in unum Dómi-num Je-sum Chri-stum,

Fí-li- um De- i u-ni-gé-ni-tum. Et ex Patre na-tum ante

ómni- a saécu-la. De- um de De- o, lumen de lúmi-ne,

De- um ve-rum de De- o ve- ro. Gé-ni-tum, non factum, con-

substanti- á-lem Pa-tri : per quem ómni- a facta sunt. Qui

propter nos hómi-nes, et propter nostram sa-lú-tem descéndit de cae- lis.   Et incarná-tus est de Spí- ri- tu Sancto   ex

Ma-rí- a Vírgi-ne : Et homo factus est. Cru-ci- fí- xus ét-i- am

pro no- bis: sub Pónti- o Pi-lá- to passus, et se-púl-tus est.

Et re-surréxit térti- a di- e,   se-cúndum Scriptú- ras.   Et

ascéndit in caelum : se-det ad déxte-ram Patris. Et í-te-rum

ventúrus est cum gló-ri- a, ju-di-cá- re vi-vos et mórtu- os :

cu-jus regni non e-rit fi- nis. Et in Spí-ri-tum Sanctum, Dó-

mi-num, et vi-vi- fi-cántem : qui ex Patre Fi- li- óque pro-cé-

dit. Qui cum Patre et Fí- li- o simul ad-o-rá-tur, et conglo-ri- fi-cá-tur : qui lo-cú-tus est per Prophé- tas.   Et unam

sanctam cathó-li-cam et apostó- li-cam Ecclé-si- am. Confí-

te- or unum baptísma   in remissi- ónem pecca-tó- rum.

Et exspécto re-surrecti- ónem mortu- ó- rum.   Et vi- tam

ventú-ri saécu- li.   A-   men.

V.

XII. s.

4.

C Re- do in u-num De- um, * vel Cre-do in unum

De- um, * Patrem omni-pot-éntem, factó-rem caeli et terrae,

vi-si-bí- li- um ómni- um, et invi- si-bí- li- um. Et in unum

Credo V.

Dómi-num Je-sum Christum, Fí-li-um De-i u-nigé-ni-tum.

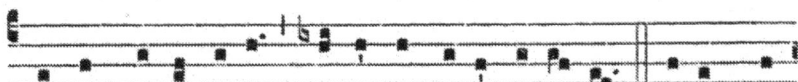

Et ex Patre na-tum ante ómni-a saécu-la. De-um de

De-o, lumen de lúmi-ne, De-um ve-rum de De-o ve-ro.

Gé-ni-tum, non factum, consubstanti-á-lem Patri : per quem

ómni-a facta sunt. Qui propter nos hómi-nes et propter

nostram sa-lú-tem descéndit de cae-lis. Et incarnátus est

de Spí-ri-tu Sancto ex Ma-rí-a Vírgi-ne : Et ho-mo

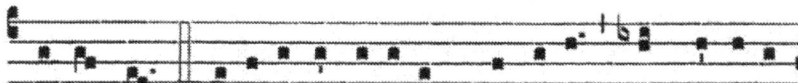

factus est. Cru-ci-fí-xus ét-i-am pro no-bis : sub Pónti-o

Pi-lá-to passus, et se-púltus est. Et re-surré-xit térti-a

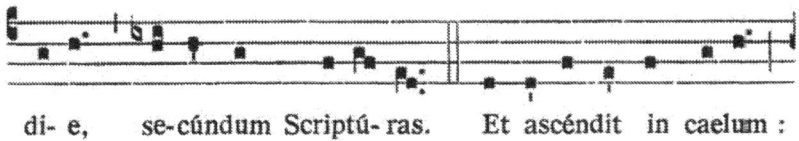

di- e, se-cúndum Scriptú- ras. Et ascéndit in caelum :

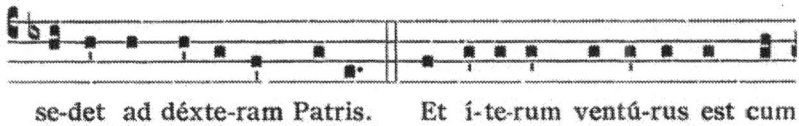

se-det ad déxte-ram Patris. Et í-te-rum ventú-rus est cum

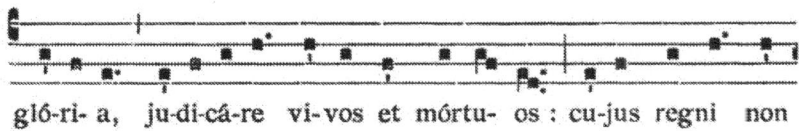

gló-ri- a, ju-di-cá-re ví-vos et mórtu- os : cu-jus regni non

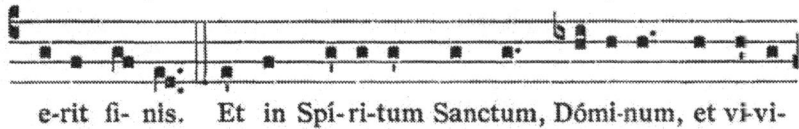

e-rit fi- nis. Et in Spí-ri-tum Sanctum, Dómi-num, et ví-vi-

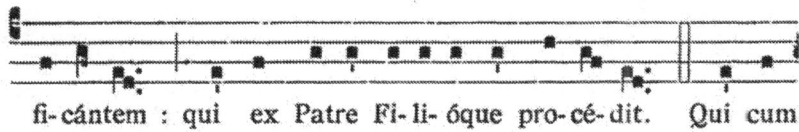

fi-cántem : qui ex Patre Fí- li- óque pro-cé-dit. Qui cum

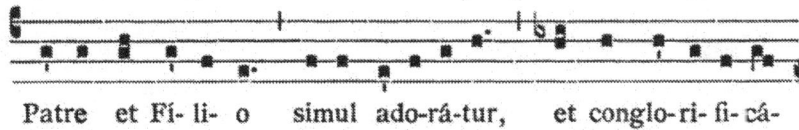

Patre et Fí- li- o simul ado-rá-tur, et conglo-ri- fi-cá-

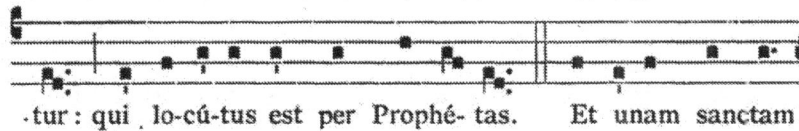

·tur : qui lo-cú-tus est per Prophé- tas. Et unam sanctam

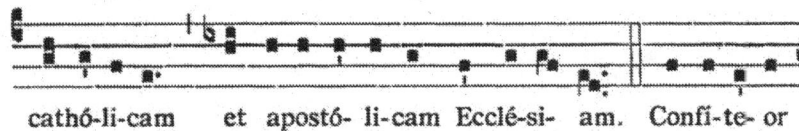

cathó-li-cam et apostó- li-cam Ecclé-si- am. Confí-te- or

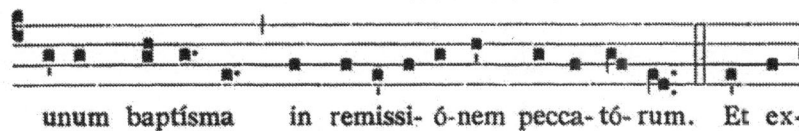

unum baptísma in remissi- ó-nem pecca-tó- rum. Et ex-

Credo VI.

spécto re- surrecti- ó-nem mortu- ó-rum. Et vi-tam ventú-ri

saécu-li. A- men.

VI.

XI. s.

4.

CRe-do in u- num De- um, * *vel* Cre-do in unum

De- um * Patrem omni-pot-én- tem, factó- rem cae- li et ter-

rae, vi-si-bí- li- um ómni- um, et invi-si-bí- li- um. Et

in u-num Dómi-num Je-sum Chri-stum, Fí- li- um De- i u-ni-

gé- ni- tum. Et ex Pa-tre na-tum ante ómni- a saécu-

la. De- um de De- o, lumen de lúmi-ne, De- um ve- rum

de Deo vero. Génitum, non factum, consubstantiálem

Patri : per quem ómnia facta sunt. Qui propter nos hó-

mines, et propter nostram salútem descéndit de caelis.

Et incarnátus est de Spíritu Sancto ex María Vír-

gine : Et homo factus est. Crucifíxus étiam pro

no-bis : sub Póntio Piláto passus, et sepúltus est.

Et resurréxit tértia die, secúndum Scriptúras.

Et ascéndit in caelum : sedet ad déxteram Patris.

Et íterum ventúrus est cum glória judicáre vivos et

mórtu- os : cu-jus regni non e-rit fi- nis. Et in Spí-

ri-tum Sanctum, Dómi-num, et vi-vi-fi-cán- tem : qui ex

Pa-tre Fi- li- óque pro-cé- dit. Qui cum Pa-tre et Fí- li- o

simul ado-rá- tur, et conglo-ri-fi-cá- tur : qui lo-cú-tus est

per Prophé- tas. Et u-nam sanctam cathó-li-cam et apo-

stó-li-cam Ecclé-si- am. Confí-te- or u-num baptísma in

remissi- ó-nem pecca-tó- rum. Et exspé-cto re-surrecti- ó-

nem mortu- ó- rum. Et vi- tam ventú-ri saécu- li.

Amen.

¶ *Qualislibet cantus hujus Ordinarii superius in una Missa positus adhiberi potest etiam in alia, feriis tamen exceptis; itemque pro qualitate Missae, aut gradu solemnitatis. aliquis potest assumi ex iis qui subsequuntur.*

CANTUS AD LIBITUM

Kyrie.

I.

(Clemens Rector)

KY-ri- e * e- lé- i-son. Ký- ri- e e- lé- i-son. Ký- ri- e e- lé- i-son. Chri-ste e- lé- i-son. Chri-ste e- lé- i-son. Chri- ste e- lé- i-son. Ký- ri- e e- lé- i-son.Ký- ri- e

e- lé- i-son. Ký- ri- e * *

* ** e- lé- i-son.

II.

(Summe Deus)

XI. s.

K Y-ri- e * e- lé- i-son. Ký-ri- e

e- lé- i-son. Ký-ri- e e- lé- i-son. Chri-

ste e- lé- i-son. Christe e- lé- i-son.

Christe e- lé- i-son. Ký- ri e e-lé- i-son. Ký-ri- e   e- lé- i- son. Ký- ri-

e   *   ** e-   lé- i- son.

III.
(Rector cosmi pie)

XI. s.

2.

KY- ri- e *   e- lé- i-son. Ký-ri- e

e- lé- i-son. Ký-ri- e   e- lé- i-son. Chri-

ste   e- lé- i- son. Christe e- lé- i-son.

Chri-ste   e- lé- i-son. Ký-ri- e   e-   lé- i-son.

Ký-ri- e e-   lé- i-son. Ký-ri- e   *

e-   lé- i-son.

IV.

(Kyrie altissime)

XI. s.

5. K Yri- e * e- lé- i-son. Ký-ri- e

e- lé- i-son. Ký-ri- e e-

lé- i-son. Chri-ste e- lé- i-son. Chri-

ste e- lé- i-son. Christe

e- lé- i- son. Ký- ri- e e-

lé- i-son. Ký-ri- e e- lé- i-son. Ký- ri-

e * ** e- lé- i-son.

V.

(Conditor Kyrie omnium)

K Y- ri- e   *   e- lé- i-son. Ký-ri- e

e- lé- i-son. Ký- ri- e   e- lé- i-son. Chri-

ste   e- lé- i-son. Chri-ste   e- lé- i-

son. Chri- ste   e- lé- i-son. Ký- ri- e

e- lé- i-son. Ký- ri- e   e- lé- i-son. Ký-

ri- e   *   **

e- lé- i-son.

VI.

(Te Christe Rex supplices)

KY- ri- e   *   e- lé- i-son. Ký- ri-

e   e- lé- i- son. Ký- ri- e

e- lé- i-son. Chri- ste   e- lé- i- son. Chri-

ste   e- lé- i- son. Chri- ste   e- lé- i-

son.   Ký- ri- e   e- lé- i-son. Ký- ri- e

e- lé- i-son. Ký- ri- e   *   **

e- lé- i-son.

VII.
(Splendor aeterne)

K Y-ri- e * e- lé- i-son. *iij.* Christe

e- lé- i-son. *iij.* Ký- ri- e e- lé- i-son. *ij.*

Ký-ri- e * **

e- lé- i-son.

VIII.
(Firmator sancte)

K Y-ri- e * e-lé- i-son. *iij.* Chri-ste

e-lé- i-son. *iij.* Ký-ri- e e-lé- i-son. *ij.*

Ký-ri- e * e- lé- i-son.

IX.
(O Pater excelse)

XI. s.

8.

KY-ri- e   *   e- lé- i-son. *iij.* Christe

e-   lé- i-son. *iij.* Ký- ri- e   * e-

lé-   i-son. *iij.*

X.
(*In Dominicis per annum.*)
[*Orbis factor*]

X. s.

I.

KY-ri- e   * e-   lé- i-son. *iij.* Chri-ste

e-   lé- i-son. *iij.* Ký-ri- e   e-   lé- i-son. *ij.* Ký-

ri- e   * e-   lé- i-son.

XI.

(In Dominicis Adventus et Quadragesimae.)
[*Kyrie Salve*]

X. s.

I.

K Y-ri- e * e- lé- i-son. *iij.* Chri- ste

e- lé- i-son. *iij.* Ký-ri- e e- lé- i-son. *ij.*

Ký-ri- e * ** e- lé- i-son.

Gloria.

I.

XI s.

8.

G Ló-ri- a in excél- sis De- o. Et in ter-ra pax

ho-mí-ni-bus bonae vo-luntá- ·tis. Laudámus te. Be-ne-

dí- ci- mus te. Ado-rá-mus te. Glo-ri- fi- cá-mus te.

Grá- ti- as á-gimus ti-bi propter magnam gló-rí- am tu- am.

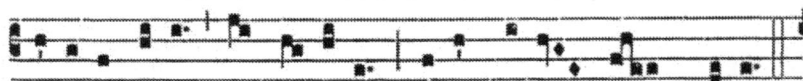

Dómi-ne De- us, Rex cae-léstis, De- us Pa-ter   o- mní-pot-ens.

Dómi-ne Fi- li u-ni-gé- ni- te   Je-su Chri-ste.   Dómi-ne

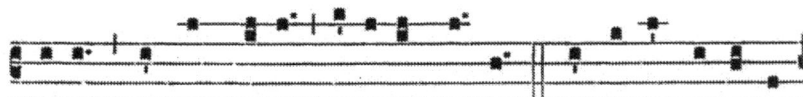

De- us,   Agnus De- i,   Fí-li- us Pa-tris. Qui tol-lis peccá-ta

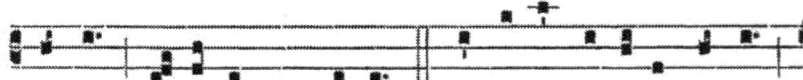

mundi, mi- se-ré- re   no-bis. Qui tol-lis peccá-ta mundi,

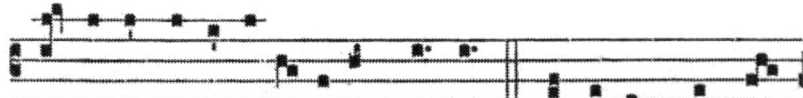

sús-ci- pe depre-ca-ti- ó-nem nostram. Qui se-des   ad déx-

te-ram Patris, mi- se-ré- re   no-bis. Quó-ni- am tu so- lus

sanctus. Tu so-lus Dó-mi-nus. Tu so-lus Al-tíssimus, Je-su

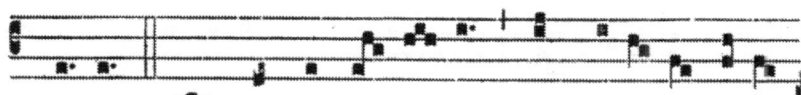

Chri-ste.   Cum Sancto Spí- ri- tu,   in gló-ri- a De- i

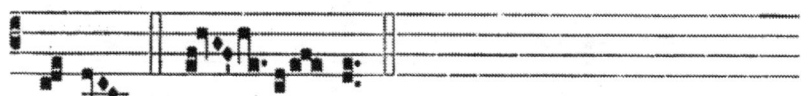

Pa-tris.   A-   men.

II.

XI. s.

2. G Ló-ri- a in excél-sis De- o.   Et in terra pax

homí-ni-bus bonae vo-luntá- tis. Laudámus te.   Be-ne-

dí- cimus te.   Ado- rámus te.   Glo- ri- fi-cámus

te.   Grá-ti- as   á-gimus ti- bi   pro-

pter magnam gló- ri- am tu-   am. Dómi-ne De- us, Rex

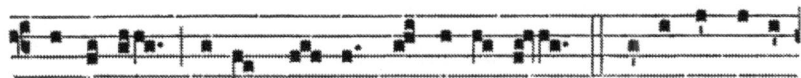

cae-léstis, De- us Pa- ter omní-pot-ens.   Dómi-ne Fi- li

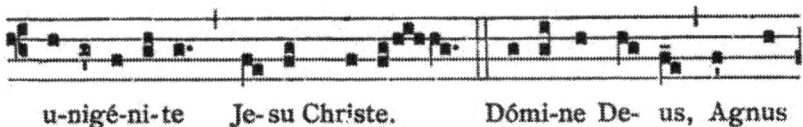

u-nigé-ni-te   Je-su Christe.   Dómi-ne De- us, Agnus

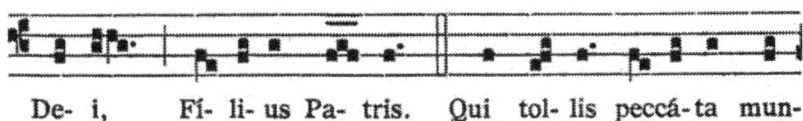

De- i,   Fí- li- us Pa- tris.   Qui tol- lis peccá-ta mun-

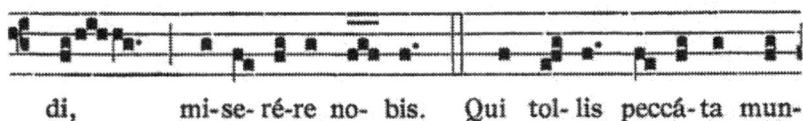

di,   mi-se-ré-re no- bis.   Qui tol- lis peccá-ta mun-

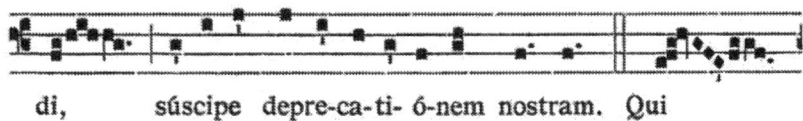

di,   súscipe depre-ca-ti- ó-nem nostram.   Qui

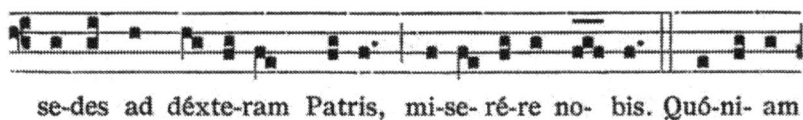

se-des ad déxte-ram Patris, mi-se- ré-re no- bis. Quó-ni- am

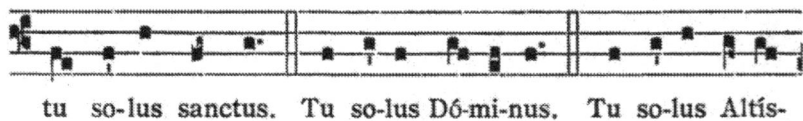

tu so-lus sanctus. Tu so-lus Dó-mi-nus. Tu so-lus Altís-

simus,   Je-su Christe.   Cum Sancto Spí-ri-tu,

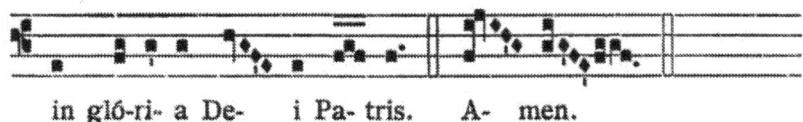

in gló-ri- a De-   i Pa- tris.   A- men.

III.

X-XI s.

Gló-ri- a in excél- sis De- o. Et in terra pax

homí- ni- bus bonae vo- luntá- tis. Laudámus

te. Bene-dí- cimus te. Ado-

rá- mus te. Glo-ri- fi-cá- mus te.

Grá-ti- as á- gi-mus ti-bi pro- pter magnam gló- ri- am

tu- am. Dómi- ne De- us, Rex cae-léstis, De- us Pa-

ter omní- pot-ens. Dó- mi-ne Fi- li

u-ni-gé-ni-te Je- su Chri- ste. Dó- mi-ne

De- us,   Agnus De- i,   Fí- li- us   Patris.   Qui tol-lis

peccá- ta mundi, mi-se-ré- re   no- bis. Qui tol-lis peccá-

ta mundi, súsci-pe   depre-ca- ti- ó-   nem nostram.

Qui se- des   ad déxte- ram   Patris, mi-se-ré- re no-

bis. Quó-ni- am tu so-lus sanctus. Tu so-lus   Dómi-nus.

Tu so- lus   Al- tís- simus, Je- su Chri- ste.   Cum

San- cto Spí-   ri- tu   in gló-   ri- a   De- i

Pa-   tris.   A-   men.

IV.

More Ambrosiano.

XII. s.

4.

G Ló-ri- a   in excélsis De- o.   Et in terra pax homí-

ni-bus bonae vo-luntá- tis.   Laudámus te.   Be-ne-dí-cimus te.

Ado-rámus te.   Glo- ri- fi- cámus te.   Grá-ti- as á-gimus ti-

bi   propter magnam gló-ri- am tu- am.   Dómi-ne

De-us, Rex caeléstis,   De- us Pa- ter omní-pot-ens.   Dómi-ne

Fi- li   u-ni-gé-ni- te,   Je-su Christe.   Dómi-ne

De- us, Agnus De- i,   Fí- li- us Pa- tris.   Qui tol-lis peccá-ta

mundi,   mi-se-ré-re no- bis.   Qui tol-lis peccá-ta

Cantus ad libitum. — Sanctus.

mundi, súsci-pe depre-ca-ti- ó-nem nostram. Qui

sedes ad déxte-ram Patris, mi- se-ré-re no- bis. Quó-ni- am

tu so-lus sanctus. Tu so-lus Dómi-nus. Tu so-lus Altís-

simus, Je-su Christe. Cum Sancto Spí- ri- tu

in gló- ri- a De- i Patris. ** Amen.

Sanctus.

I.

XI. s.

S Anctus, * Sanctus, Sanctus Dómi-nus De- us

Sá-ba- oth. Ple-ni sunt cae-li et terra gló- ri- a tu- a.

Ho-sánna in excél- sis. Be-ne-dí-ctus qui ve-nit in

nómi-ne Dó-mi-ni. Hosánna in ex-cél- sis.

II.

XI s.

4.

Sanctus, * Sanctus, Sanctus Dómi-nus De- us

Sá- ba- oth. Ple-ni sunt cae- li et ter- ra gló- ri- a

tu- a. Ho-sánna in excél- sis. Be-ne-dí-ctus qui

ve- nit in nó-mi-ne Dómi- ni. Ho-sánna in excél- sis.

III.

8.

SAn- ctus, * Sanctus, Sanctus Dómi- nus De- us

Sá-   ba- oth. Ple-ni sunt cae- li   et ter- ra gló-

ri- a tu- a.   Ho-sánna   in ex- cél-sis.   Be- ne-dí-

ctus qui   ve- nit   in nómi-ne Dómi- ni.   Ho-sánna in

ex- cél-sis.

Agnus.

I.

XII. s.

8.

A - gnus De- i, *qui tol- lis peccá-ta

mundi: mi-se-ré- re   no- bis. A- gnus De- i, *

qui tol- lis peccá-ta mundi :   mi-se-ré- re   no-bis. A- gnus De- i, * qui tol- lis peccá-ta mun-

di : dona no- bis pa- cem.

II.

6.

A -gnus De- i, * qui tol-lis peccá-ta mundi : mi-se-ré-re

no- bis. Agnus De- i, * qui tol-lis peccá-ta mundi : mi-se-

ré-re no- bis. Agnus De- i, * qui tol-lis peccá-ta mundi :

dona no-bis pa- cem.

MISSA
PRO DEFUNCTIS.

Intr. 6.

REquiem * aetérnam dona eis Dómine : et lux perpétua lúceat eis. *Ps.* Te decet hymnus Deus in Sion, et tibi reddétur votum in Jerúsalem : * exáudi oratiónem meam, ad te omnis caro vénit. Réquiem.

6.

KYrie * eléison. *iij.* Christe eléison. *iij.* Kýrie eléison. *ij.* Kýrie * eléison.

Grad. 2.

R E-qui- em * aetér- nam do- na e- is

Dó- mi- ne : et lux perpé-

tu- a lú- ce- at e- is.

℣. In memó-ri- a aetér-

na e- rit ju-

stus : ab audi-ti- ó-ne ma-

la * non timé- bit.

Tract. 8.

A Bsól- ve, * Dó- mi-ne, á-nimas ómni- um

fi-dé-li- um de-functó- rum ab omni víncu-lo de-li- ctó- rum. ℣. Et grá-ti- a tu- a il-lis

succurrén- te, me-re- ántur e- váde-re ju-

dí- ci- um ulti- ó- nis. ℣. Et lu-cis aetér-

nae be- a-ti-tú- di- ne * pér-fru- i.

Sequentia dici debet tantum in die Commemorationis omnium Fide-lium defunctorum et in Missa exsequiali; omitti potest in aliis Missis.

Sequent.

I.

D I- es i-rae, di- es il-la, Solvet saeclum in favíl-la :

Teste Da-vid cum Si-býlla. Quantus tremor est fu-túrus, Quan-

do ju-dex est ventúrus, Cúncta stricte discussúrus! Tuba

mi-rum spar-gens sonum Per sepúlcra re-gi- ónum, Coget

o-mnes ante thronum. Mors stupé-bit et na-tú-ra,

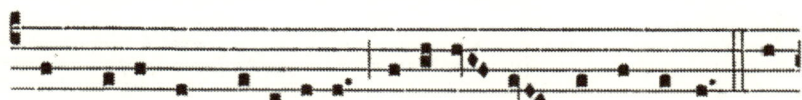

Cum re-súrget cre- a-tú-ra, Ju-di-cán- ti responsú- ra. Li-

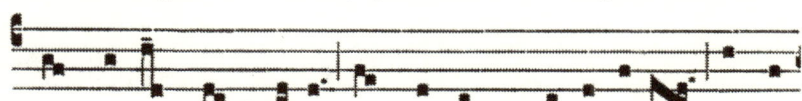

ber scriptus pro- fe-ré-tur, In quo to-tum conti-né-tur, Unde

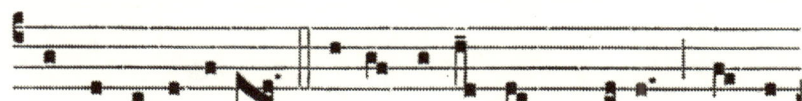

mundus ju-di- cé-tur. Ju-dex ergo cum se-dé-bit, Quidquid

la-tet appa-ré-bit : Nil inúltum remané-bit. Quid sum mi-

ser tunc dictú-rus? Quem patró-num roga-tú-rus? Cum vix ju-

stus sit se-cúrus. Rex treméndae ma-jestá-tis, Qui salvándos

salvas gra-tis, Salva me, fons pi- e-tá-tis. Re-cordá-re

Je- su pi- e, Quod sum causa tu-ae vi-ae : Ne me per-

das il-la di- e. Quaerens me, se- dí- sti lassus : Red-e-

místi cru-cem passus : Tantus la- bor non sit cassus. Juste

ju-dex ul-ti- ó-nis, Do-num fac remissi- ó-nis, Ante di- em

ra-ti- ó- nis. Inge-mísco, tamquam re- us : Culpa ru-bet

vultus me- us : Suppli-cánti parce De- us. Qui Ma-rí- am

absolvísti, Et latró- nem exaudísti, Mi-hi quoque spem

de-dísti. Pre-ces me-ae non sunt dignae : Sed tu bo- nus

fac be-nígne, Ne per-énni cremer igne. Inter o-ves

lo- cum praesta, Et ab haedis me sequéstra, Stá-tu- ens

in parte dextra. Confu-tá- tis ma- le-dí-ctis, Flammis

ácri-bus addíctis : Vo-ca me cum be-ne-díctis. O-ro

supplex et accli-nis, Cor contrí-tum qua-si ci-nis : Ge-re

cu-ram me- i fi-nis. Lacri-mó-sa di- es il-la, Qua re-súr-

get ex favíl- la, Ju-di-cándus ho- mo re- us : Hu- ic

ergo par- ce De- us. Pi- e Je-su Dómi-ne, dona e- is

réqui- em. A- men.

Offert.
2.

DOmi-ne Je-su Christe,   * Rex gló- ri-

ae,   lí-be-ra á-nimas ómni- um fi-dé- li- um de-fun-

ctó- rum de poenis infér- ni, et de pro-fúndo la- cu : lí-be-

ra e- as de o-re le- ó- nis, ne absórbe- at e- as tár-

ta-rus, ne cadant in obscú- rum : sed sígni-fer sanctus

Mí- cha- el repraeséntet e- as in lu- cem sanctam :

* Quam o-lim Abrahae promi- sísti, et sé-

mi- ni e- jus. ℣. Hósti- as et pre-ces ti-bi Dómi- ne

laudis of-fé- rimus : tu súsci-pe pro a-nimábus il- lis,

qua- rum hó-di- e memó- ri- am fá-ci-mus : fac e- as, Dómi-

ne, de mor- te transí- re ad vi- tam. *Quam o-lim.

Sanctus, * Sanctus, Sanctus Dómi-nus De- us Sá-

ba- oth. Ple-ni sunt caeli et terra gló-ri- a tu- a. Ho-sánna

in excélsis. Be-ne-díctus qui ve-nit in nómi- ne Dómi-ni.

Ho-sánna in excél-sis.

A-gnus De- i, * qui tol-lis peccá-ta mundi : do-na

e- is réqui- em. Agnus De- i, *qui tol-lis peccá-ta mundi :

dona e- is réqui- em. Agnus De- i, *qui tol-lis peccá-ta

mundi : dona e- is réqui- em ** sempi-térnam.

Comm.
8.

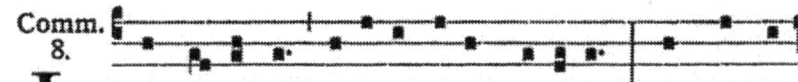

LUX ae-térna * lú-ce- at e- is, Dómi-ne : * Cum sanctis

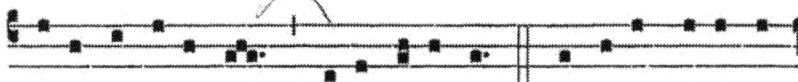

tu- is in aetérnum, qui- a pi- us es. ℣. Réqui- em aetérnam

do-na e- is Dómi-ne, et lux perpé-tu- a lú-ce- at e- is.

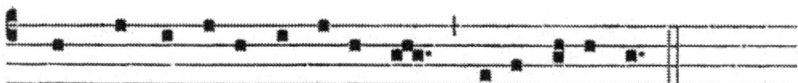

* Cum sanctis tu- is in aetérnum, qui- a pi- us es.

REqui- éscant in pa-ce. ℟. Amen.

¶ *Finita Missa pro Defunctis, si facienda est Absolutio, Cantore incipiente, Clerus circumstans cantat sequens Responsorium.*

1.

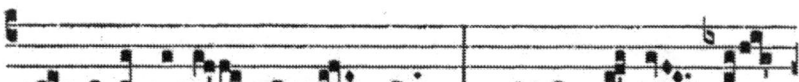

LI-be- ra me, Dó- mi-ne, * de morte aetér- na,

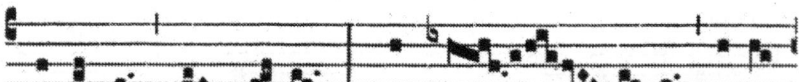

in di- e il-la tre-mén- da : * Quando cae-li mo-

vén-di sunt et ter-ra : † Dum vé- ne- ris ju-di-cá- re saé- cu-lum per i- gnem. ℣. Tremens fa-

ctus sum ego, et tí- me- o, dum discússi- o vé-ne- rit,

at-que ventú- ra i-ra. * Quando cae- li mo- véndi sunt

et ter-ra. ℣. Di- es il-la, di- es i-rae, ca-lami-tá-tis et

mi-sé-ri- ae, di- es magna et amá-ra val- de. † Dum

vé- ne- ris ju-di-cá- re saé- cu-lum per

i- gnem. ℣. Réqui- em aetérnam dona e- is Dó-mi- ne :

et lux perpé-tu- a lú- ce- at e- is.

Repetitur Líbera me *usque ad* ℣. Tremens.

Finito Responsorio, Cantor cum 1ª Choro :

Ký-ri- e e-lé- i-son.

2ᵃ *Chorus :*

Christe e-lé- i-son.

Omnes simul :

Ký-ri- e e- lé- i-son.

Sacerdos :

Pa-ter noster. *(secreto)*

℣. Et ne nos indú-cas in tenta-ti- ó-nem. ℟. Sed lí-be-ra nos a

ma-lo. ℣. A porta ínfe-ri. ℟. E-ru- e Dómi-ne á-nimam e-
[á-nimas e-ó-

jus. ℣. Requi- éscat in pa-ce. ℟. Amen. ℣. Dómi-ne exáudi
rum.] [Requi- éscant]

o-ra-ti- ó-nem me- am. ℟. Et clamor me- us ad te vé-ni- at.

℣. Dóminus vobíscum. ℟. Et cum spíritu tuo.

Orémus.

Absólve, quaésumus Dómine, ánimam fámuli tui *N.* (fámulae tuae *N.*, *vel* ánimas famulórum tuórum) ab omni vínculo delictórum : † ut in resurrectiónis glória, * inter Sanctos et eléctos tuos resuscitátus respíret (resuscitáta respíret, *vel* resuscitáti respírent). Per Christum Dóminum nostrum. ℟. Amen.

Loco praecedentis Orationis Celebrans dicere potest Orationem quae dicta est in Missa, vel aliam convenientem. Si autem sit praesens Defuncti cadaver, Celebrans sequentem dicit Orationem.

Deus, cui próprium est miseréri semper et párcere, te súpplices exorámus pro ánima fámuli tui *N.* (fámulae tuae *N.*) quam hódie de hoc saéculo migráre jussísti : † ut non tradas eam in manus inimíci, neque obliviscáris in finem, sed júbeas eam a sanctis Angelis súscipi, et ad pátriam paradísi perdúci ; * ut quia in te sperávit et crédidit, non poenas inférni sustíneat, sed gáudia aetérna possídeat. Per Christum Dóminum nostrum. ℟. Amen.

℣. Réqui- em aetérnam do-na e- i Dómi-ne. ℟. Et lux perpé-
[e- is]

tu- a lú-ce- at e- i.
[e- is].

Cantores. *Chorus.*

Requi- éscat in pa- ce. ℟. Amen.
[Requi- éscant]

Celebrans dicit recto tono :

℣. Anima ejus (Animae eórum) et ánimae ómnium fidélium
defunctórum per misericórdiam Dei requiéscant in pace. ℟. Amen.

Quod si absolutio facta fuerit pro omnibus fidelibus defunctis,
versus Animae eórum *non dicitur.*

EXSEQUIARUM ORDO.

Ad elationem corporis.

Parochus, antequam cadaver efferatur, illud aspergit aqua bene-
dicta : mox dicit sine cantu antiphonam : Si iniquitátes observáveris
Dómine : Dómine, quis sustinébit?

Psalmus 129.

DE profúndis clamávi ad te
Dómine : * Dómine exáudi
vocem meam.

Fiant aures tuae intendéntes *
in vocem deprecatiónis meae.

Si iniquitátes observáveris
Dómine : * Dómine, quis sustinébit?

Quia apud te propitiátio est : *
et propter legem tuam sustínui
te Dómine.

Sustínuit ánima mea in verbo
ejus : * sperávit ánima mea in
Dómino.

A custódia matutína usque ad
noctem,* speret Israel in Dómino.

Quia apud Dóminum miseri- | ex ómnibus iniquitátibus ejus.
córdia : * et copiósa apud eum | Réquiem aetérnam * dona ei
redémptio. | Dómine [1].
Et ipse rédimet Israel ● | Et lux perpétua * lúceat ei.

Repetit Antiphonam totam : Si iniquitátes observáveris Dómine :
Dómine, quis sustinébit?

*Deinde cadaver effertur, Parochusque de domo procedens, statim
gravi voce intonat Antiphonam :*

Ant.
1. f.

E

Xsultábunt Dómi-no   *   ossa humi- li- á- ta.

Psalmus 50.

*Cantores
inchoant :*

1. Mi-se-ré-re me-   i De-   us, *

*Clero
alternatim
prosequente :*

se-cúndum magnam mi-se-ri-cór*di- am* tu-   am.

2. Et secúndum multitúdinem miseratiónum tuárum, * dele
iniqui*tátem* meam.

3. Amplius lava me ab iniquitáte mea : * et a peccáto *meo*
munda me.

4. Quóniam iniquitátem meam ego cognósco : * et peccátum
meum contra *me est* semper.

5. Tibi soli peccávi, et malum coram te feci : * ut justificéris
in sermónibus tuis, et vincas cum *judi*cáris.

6. Ecce enim in iniquitátibus concéptus sum : * et in peccátis
concépit me *mater* mea.

7. Ecce enim veritátem dilexísti : * incérta et occúlta sapiéntiae
tuae manifes*tásti* mihi.

8. Aspérges me hyssópo, et mundábor : * lavábis me, et super
nivem *deal*bábor.

---

[1] *Si Exsequiae fiant pro pluribus Defunctis, in hoc versu, et in omnibus
versiculis et Orationibus, pro singulari ponatur numerus pluralis, praeterquam
in Oratione* Non intres.

9. Audítui meo dabis gáudium et laetítiam : * et exsultábunt ossa humiliáta.

10. Avérte fáciem tuam a peccátis meis : * et omnes iniquitátes meas dele.

11. Cor mundum crea in me Deus : * et spíritum rectum ínnova in viscéribus meis.

12. Ne projícias me a fácie tua : * et spíritum sanctum tuum ne áuferas a me.

13. Redde mihi laetítiam salutáris tui : * et spíritu principáli confírma me.

14. Docébo iníquos vias tuas : * et ímpii ad te converténtur.

15. Líbera me de sanguínibus Deus, Deus salútis meae : * et exsultábit língua mea justítiam tuam.

16. Dómine lábia mea apéries : * et os meum annuntiábit laudem tuam.

17. Quóniam si voluísses sacrifícium, dedíssem útique : * holocáustis non delectáberis.

18. Sacrifícium Deo spíritus contribulátus : * cor contrítum et humiliátum Deus non despícies.

19. Benígne fac Dómine in bona voluntáte tua Sion : * ut aedificéntur muri Jerúsalem.

20. Tunc acceptábis sacrifícium justítiae, oblatiónes et holocáusta : * tunc impónent super altáre tuum vítulos.

21. Réquiem aetérnam * dona ei Dómine.

22. Et lux perpétua * lúceat ei.

Ac si longitudo itineris postulaverit, dicantur Psalmi Graduales, Ad Dóminum cum tribulárer, *etc., vel alii Psalmi ex Officio Defunctorum, et in fine cujuslibet Psalmi dicitur :* Réquiem aetérnam dona ei Dómine. *etc.; qui Psalmi devote, distincte, gravique voce recitari debent usque ad ecclesiam.*

Ad ingressum ecclesiae repetitur Antiphona :

I. Exsultábunt Dómino ossa humi- li- á- ta.

Deinde ecclesiam ingressi, cantant Responsorium, Cantore incipiente et Clero alternatim respondente, videlicet :

4. Subve- ní- te * Sancti De- i, occúr- ri- te

Ange- li   Dómi-   ni :   * Susci- pi- éntes á-nimam e-

jus :   † Offe-réntes e- am   in conspé- ctu Al-   tís-

si-   mi. ℣. Suscí-pi- at te   Christus, qui vo- cá-vit

te :   et in si-num Abrahae   Ange- li   de-dú-   cant

te.   * Susci- pi- éntes ánimam e-   jus :   † Offe-réntes

e- am   in conspé- ctu Al-   tíssi-   mi. ℣. Réqui-

em   aetérnam do-na   e- i Dómi-   ne :   et lux per-

pé-tu- a lú-   ce- at   e-   i. † Offe-réntes e- am

in conspé- ctu Al-   tíssi-   mi.

Absolutio super tumulum.

¶ Post Missam, in Exsequiis praesente corpore defuncti, Sacerdos absolute dicit Orationem sequentem nulla numeri aut generis facta mutatione, etiamsi pro pluribus aut pro femina dicatur :

NON intres in judícium cum servo tuo Dómine, quia nullus apud te justificábitur homo, nisi per te ómnium peccatórum ei tribuátur remíssio. Non ergo eum, quaésumus, tua judiciális senténtia premat, quem tibi vera supplicátio fídei christiánæ comméndat : sed grátia tua illi succurrénte, mereátur evádere judícium ultiónis, qui, dum víveret, insignítus est signáculo sanctae Trinitátis. Qui vivis et regnas in saécula saeculórum. ℟. Amen.

Deinde Cantore incipiente Clerus circumstans cantat ℟. Líbera me, *ut supra,* 102*. *Deinde* Kýrie eléison, *etc. ut supra,* 103*.

Finita Oratione, corpus defertur ad sepulcrum, si tunc deferendum sit ; dum autem portatur vel in eodem loco, si tunc non portetur, Cleri cantant Antiphonam :

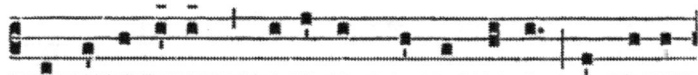

I N pa-ra-dí-sum * dedú-cant te Ange-li : in tu- o advéntu suscí-pi- ant te Márty-res, et perdú-cant te in ci-vi-tá-tem sanctam Je-rú-sa-lem. Cho-rus Ange-ló-rum te sus- cí-pi- at, et cum Lá-za-ro quondam páupe-re aetér-nam há-be- as réqui- em.

*Deinde, etiamsi corpus tunc ad sepulturam delatum non fuerit,
Sacerdos prosequatur Officium, ut infra, quod nunquam omittitur;
et intonet antiphonam :*

2.

E -go sum * re- surrécti- o et vi-ta : qui cre-dit in

me, ét- i- am si mórtu- us fú- e-rit, vi-vet : et o-mnis qui

vi-vit et cre-dit in me, non mo-ri- é-tur in ae-térnum.

Canticum Zachariae.

1. Be-ne-díctus Dóminus De- us Isra- el : * qui- a vi-si-tá-vit,

et fe-cit re-dempti- ó-nem ple-*bis* su- ae.

Omnes versiculi sicut primus inchoantur, exceptis ultimis, Réquiem.
et Et lux perpétua. *qui propter brevitatem, incipiuntur in chorda
dominante.*

2. Et eréxit cornu salútis nobis, * in domo David púe*ri* sui.

3. Sicut locútus est per os sanctórum, * qui a saéculo sunt
prophet*árum* ejus :

4. Salútem ex inimícis nostris, * et de manu ómnium qui
odé*r*unt nos :

5. Ad faciéndiam misericórdiam cum pátribus nostris : * et
memorári testaménti sú*i* sancti.

6. Jusjurándum, quod jurávit ad Abraham patrem nostrum, *
datúrum *se* nobis :

7. Ut sine timóre, de manu inimicórum nostrórum liberáti, *
serviá*mus* illi :

8. In sanctitáte et justítia coram ipso, * ómnibus dié*bus* nostris.

9. Et tu puer, prophéta Altíssimi vocáberis : * praeíbis enim ante fáciem Dómini, paráre v*ia*s ejus.

10. Ad dándam sciéntiam salútis plebi ejus, * in remissiónem peccatórum e*ó*rum :

11. Per víscera misericórdiae Dei nostri : * in quibus visitávit nos, óriens *ex* alto :

12. Illumináre his qui in ténebris et in umbra mortis sedent : * ad dirigéndos pedes nostros in v*iam* pacis.

13. Réquiem aetérnam * dona e*i* Dómine.

14. Et lux perpétua * lúce*at* ei.

Ac, si longitudo itineris postulaverit, dicatur psalmus De profúndis *et alii psalmi ex Officio defunctorum, et in fine cujuslibet psalmi dicitur :* Réquiem aetérnam dona ei, Dómine.

Ad ingressum coemeterii repetitur antiphona.

E -go sum re-surrécti- o et vi-ta : qui cre-dit in

me, ét- i- am si mórtu- us fú- e- rit, vi-vet : et o-mnis qui

vi-vit et cre-dit in me, non mo-ri- é-tur in ae-térnum.

Postea Sacerdos dicit :   Chorus prosequitur :

Ký-ri- e e-lé- i-son. Christe e-lé- i-son. Ký-ri- e e-lé- i-son.

Sacerdos :

Pa-ter noster.   *Interim corpus aspergit.*

℣. Et ne nos indúcas in tentatiónem. ℟. Sed líbera nos a malo.

℣. A porta ínferi. ℟. Erue, Dómine, ánimam ejus.

℣. Requiéscat in pace. ℟. Amen.

℣. Dómine, exáudi oratiónem meam.
℟. Et clamor meus ad te véniat.
℣. Dóminus vobíscum. ℟. Et cum spíritu tuo.

Orémus.

FAC, quaésumus Dómine, hanc cum servo tuo defúncto (ancílla tua defúncta) misericórdiam, ut factórum suórum in poenis non recípiat vicem, qui (quae) tuam in votis ténuit voluntátem : † ut sicut hic eum (eam) vera fides junxit fidélium turmis : * ita illic eum (eam) tua miserátio sóciet angélicis choris. Per Christum Dóminum nostrum. ℟. Amen.

℣. Réquiem aetérnam dona ei, Dómine.
℟. Et lux perpétua lúceat ei.

Cantores :   *Sacerdos :*

℣. Requi-éscat in pa-ce. ℟. Amen. ℣. Anima e-jus et á-ni-

mae ómni-um fi-dé-li-um de-functó-rum, per mi-se-ri-córdi-am

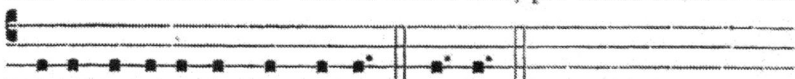

De-i requi-éscant in pa-ce. ℟. Amen.

TONI COMMUNES MISSÆ.

I. Toni Orationum.

1. Tonus festivus.

Hic tonus servatur in dominicis, in Missis festivis et in Missa de Officio S. Mariae in sabbato, in vigiliis I. classis, feria V in Cena Domini et in Missa Vigiliae paschalis, per octavas, in Missis votivis I., II. et III. classis.

D Omi-nus vo-bíscum. ℟. Et cum spí-ri-tu tu- o.

O - rémus. Pre-ces nostras, quaésumus Dómi-ne, cle-

Metrum.

ménter exáudi : atque a pecca-tó-rum víncu- lis abso-

Flexa.

lú-tos, ab omni nos adversi-tá-te custó-di. Per e- úmdem

Flexa.

Dómi-num nostrum Je-sum Christum Fí- li- um tu- um : qui

te-cum vi- vit et regnat in u-ni-tá-te e-júsdem Spí- ri-tus

Metrum.

Sancti De- us : per ómni- a saécu-la saecu-ló-rum. ℞. Amen.

Alia conclusio : Qui vi-vis et regnas cum De- o Patre │*vel* Qui

Metrum.

te-cum vi-vit et regnat │ in u-ni-tá-te Spí-ri-tus Sancti De- us, *etc.*

Exempla Metri ¹.   *Exempla Flexae.*

pi- e-tá-   te pro-   sé- que- re.   per- cé-pi- mus.
mo-ri-én-   do con-   fés-si   sunt. (A).   quae re-cta sunt.
vel : con- fés- si   sunt. (B).

*In ipsa Oratione fit primo metrum, deinde flexa. In conclusione
vero prius flexa, deinde metrum. Metrum in Oratione fit plerumque
ubi in textu habetur duplex punctum; flexa, ubi habetur punctum
cum virgula, vel si non adsit, ad primam virgulam post metrum,
si permittit sensus.*

In conclusione Qui vivis *vel* Qui tecum vivit, *fit solummodo
metrum.*

Advertendum est verba Jesum Christum Fílium tuum. *aliquando
in fine Orationis posita, pertinere ad corpus Orationis, ut in Festo
et in Octava S. Stephani. Conclusio tunc incipit ad verba* Qui tecum.

2. Tonus ferialis.

A) *In Commemorationibus et feriis, in vigiliis II. et III. classis, in
Missis votivis IV. classis et in Missis defunctorum, orationes cantantur
in tono, ut aiunt,* feriali, *hoc est : recta voce a principio ad finem,
solummodo sustentando tenorem ubi alias fieret metrum et flexa, et in fine.*

---

¹ *Ex decreto S. R. C. 8 Julii 1912 quando in lectionibus et versiculis et in
psalmorum mediationibus monosyllaba vel hebraica dictio occurrit, potest ad
libitum immutari clausula* (B), *vel proferri sub modulatione consueta* (A).

B) *Est etiam in usu alius Tonus ferialis, qui usurpatur pro orationibus :*

a) *Litaniarum;* b) *aspersionis aquae benedictae in dominicis;* c) *in benedictionibus candelarum, cinerum, ramorum, novi ignis et cerei paschalis;* d) *post pedum ablutionem;* e) *feriae VI in Passione et Morte Domini pro solemni Actione liturgica postmeridiana.*

Hic alter Tonus in omnibus convenit cum primo Tono feriali (A), *praeterquam quod in fine Orationis et conclusionis, fit punctum per semiditonum.*

In primo Tono feriali cantantur Orationes quando praemittitur monitio Flectámus génua.

Sacerdos :   Diaconus :   Subdiaconus [1] :

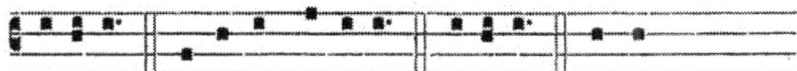

Orémus. Flectámus gé-nu- a.   Levá-te.   Praesta...

Oratio Super pópulum. *in Quadragesima dici potest in altero Tono feriali, post monitionem :*

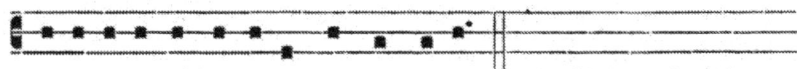

Humi-li- á-te cá-pi-ta vestra De- o.

Toni antiqui ad libitum.

a) Tonus solemnis.

Hic Tonus adhibetur pro omnibus Orationibus Missae (praeter Orationem Super pópulum), *sine distinctione ritus festivi vel ferialis, et in Missis Defunctorum; insuper pro omnibus Orationibus quibus praevia est monitio* Flectámus génua, *in quibuslibet Functionibus.*

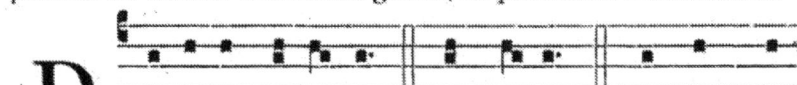

D Omi-nus vo-bís-cum. [Pax vo-bis]. ℟. Et cum spí-

ri-tu tu- o.

---

[1] *Per hebdomadam sanctam* Leváte *a diacono cantatur.*

O - rémus. Ma-jestá-tem tu- am Dómi-ne supplí-ci-ter

Flexa.

exo-rámus : ut si- cut Ecclé- si-ae tu-ae be- á-tus André- as

Apósto-lus éxsti-tit praedi-cá-tor et rector; i-ta apud te

Punctum.

sit pro no-bis perpé-tu- us intercéssor. Per Dómi-num nostrum

Flexa.

Je- sum Christum Fí- li- um tu- um : qui te-cum vi-vit et

Metrum.

regnat in u-ni- tá- te Spí-ri-tus Sancti De- us, per ómni- a

saécu-la saecu- ló-rum. ℞. Amen. *Alia conclusio :* Qui vi-vis

et regnas cum De- o Patre *vel* Qui te-cum vi-vit et regnat

in u-ni-tá-te Spí-ri-tus Sancti De- us, *etc.,*

Exempla Flexae.

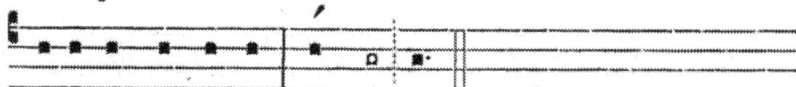

pré-ci-bus nostris ac- cómmo- da.
              ac- flí- gi- mur.
             con- fés- si   sunt. (A).
vel : con- fés- si   sunt. (B).

Exempla Puncti.

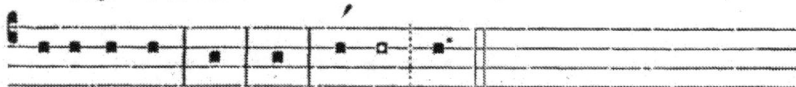

ve-tústa sér- vi- tus te- net.
  pérfru- i   lae- tí- ti- a.
         di- gnátus es. (A).
vel : di- gná- tus es. (B).

In Orat. S. Stephani.

                      Punctum.   *Conclusio.*

Je-sum Christum Fí-li- um tu- um. Qui te-cum vi-vit et regnat...

In ipsa Oratione fit flexa tantum, in fine primae distinctionis.

Post flexam, et post pausam quamlibet, tenor non statim, sed mediante unius toni intervallo, resumi debet.

Si Oratio sit solito longior, ut aliquae ex iis quae dicuntur post Lectiones in Vigilia paschali, ut etiam multae in Pontificatibus Functionibus (quae post Flectámus génua. *in hoc tono sunt cantandae) : punctum fieri potest in ipso corpore Orationis semel vel pluries, prout fert textus, sed ita ut inter punctum et punctum fiat semper flexa.*

Hic tonus (ubi est in usu) adhibendus est quandocumque praecessit monitio :

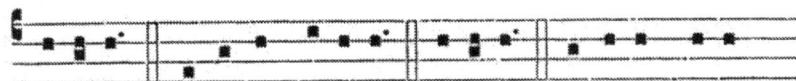

Orémus. Flectámus génu- a. Levá-te. Pó-pu-lum tu- um...

b) **Tonus simplex.**

Hic Tonus inservit pro Orationibus ad Aspersionem, Benedictiones et Litanias, et pro ceteris Orationibus hujusmodi (praeter illas quas praecedit monitio Flectámus génua*).*

D Omi-nus vo-bíscum. ℟. Et cum spí-ri-tu tu- o.

, Flexa.

O-rémus. Praesta, quaésumus omní-po-tens De- us : † ut sem-

, Metrum.

per ra-ti- o-na-bí- li- a me-di-tántes, * quae ti- bi sunt plá-

, Punctum. ,

ci- ta, et dictis exsequámur et factis. *vel :* et fa-ctis.

Conclusio.   *, Flexa.*

Per Dómi-num nostrum Je-sum Christum Fí- li- um tu- um : †

qui te-cum vi-vit et regnat in u-ni-tá-te Spí-ri-tus Sancti

, Metrum.   *,*

De- us, * per ómni- a saécu-la saecu- ló-rum. ℟. Amen.

Alia conclusio.

Qui vi-vis et regnas cum De- o Patre | *vel :* Qui te-cum

vi-vit et regnat | in u-ni-tá-te Spí- ri-tus Sancti De- us, *

Conclusio brevior.

per ómni- a... Per Christum Dóminum nostrum. ℟. Amen.

Exempla Flexae.   *Exempla Metri.*

concé-de lae- tí- ti-	am.	subsí- di- a	cón- fe-	rat.
con- fés-si	sunt.		praesta quaésu-	mus.
di- gnátus	es. (A).		ad pro-te- gén- dum nos.(A).
vel : di- gná-tus	es.(B).*vel :* prote-	gén-dum nos. (B).

Punctum in monosyllaba.

re-díme-re dignátus es. *vel :* dignátus es. *vel :* dignátus es.

Punctum in fine Orationis ante conclusionem fit regulariter per semiditonum vel per diapente, juxta receptum usum. Ante ℟. Amen, punctum semper fieri debet in semiditono.

Flexa regulariter fieri debet in fine primae distinctionis ; omittitur tantum quando Oratio est brevior. Metrum numquam omittendum est.

In Orationibus quae longiores sunt, ut in Benedictionibus soiemnibus, et in Pontificalibus Functionibus, alternantur flexa et metrum. Si vero textus in plures periodos dividatur, in fine cujusque periodi fit punctum ut in fine orationis.

Oratio Super pópulum. *quae in Missis ferialibus Quadragesimae dicitur post ultimas Orationes, cantanda est etiam in tono simplici, praemissa monitione :* Humiliáte cápita vestra Deo, *ut supra,* 115*.

II. Tonus Prophetiae.

Titulus.

Ecti- o I-sa- í- ae prophé-tae. Haec dí-cit Dómi-nus

Flexa.

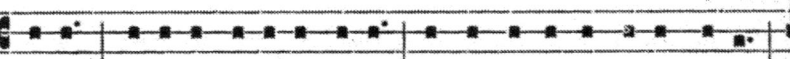

De- us : Dí-ci-te fí-li- ae Si- on : Ecce Salvá-tor tu- us ve-nit :

Punctum.

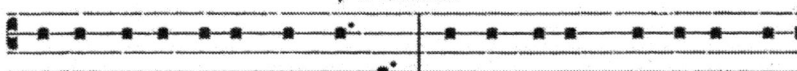

ecce merces e-jus cum e- o. Quis est iste, qui ve-nit de

Interrogatio.

E-dom, tinctis vésti-bus de Bosra?... laudem Dómi-ni super

In fine.

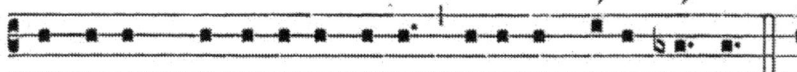

ómni-bus quae réddi-dit no-bis Dómi-nus De- us no-ster.

Prophetiae Missarum (nisi concludendae sint recto tono ut dicitur infra) sic terminandae sunt (etiam si finiantur interrogativo modo).

Dómi-nus omní-pot-ens. id est tránsi-tus Dómi-ni.

Quando finis Lectionis annuntiat cantum sequentem, terminatur recta et protracta voce; ut fit in vigilia paschali post lectiones secundam et quartam, quae praenuntiant canticos Moysi; et post

Lectionem quintam in Sabbatis Quatuor Temporum quae praenuntiat
Canticum Trium Puerorum.

et ad fi-nem usque complé- vit : in forná-ce di-cén-tes :

Flexa in monosyllaba vel hebraica voce.

A   B

ve-ní- te	ad	me.		ve-ní-	te	ad	me.
	propter	vos.			pro-	pter	vos.
De- i	Ja-	cob.	*vel :*	De- i	Ja-	cob.
in Je-	rú- sa-	lem.		Je-	rú-	sa- lem.
Spí-ri-	tus	est.		Spíri-	tus	est.

Punctum in monosyllaba vel hebraica voce.

A   B

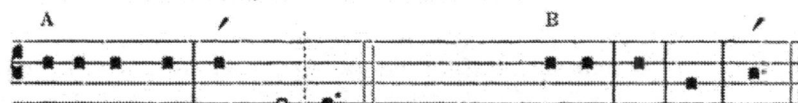

vi- num et	lac.		vi- num et	lac.
Dómi-nus lo-	cú- tus est.		lo- cú-	tus est.
dó-mu-i	Ja- cob.	*vel :*	dó-mu-i	Ja- cob.
e- ius Em-	má-nu- el.		Em-má-	nu- el.
Dó- mi-	nus est.		Dó- mi-	nus est.

Circa medium cujusque periodi, nisi sit brevissima, debet fieri
flexa, vel plures flexae si periodus sit longior, ubi tamen sensus
permittit. In hoc tono non fit metrum.

Flexa fit deprimendo tantummodo ultimam syllabam, etiam si
penultima sit sine accentu. Ad punctum vero deprimitur etiam
penultima si brevis sit.

Ad duo puncta quae praenuntiant rectam orationem, seu relatum
sermonem, non fit vocis flexio, sed pausa tantum voce protracta :

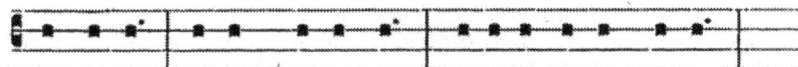

Et di-xit : Sic-ut scriptum est : Audi-te domus Da-vid :

Periodus interrogativa sic terminatur :

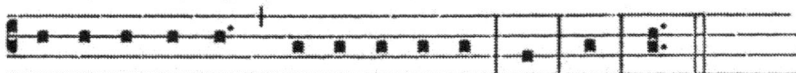

Deus qui justíficat,	quis est qui..........	con-	dém-	net?
Si Deus pro nobis,	quis....................	con-	tra	nos?
odísse póssumus	et di-...................	lí-	ge-	re?
Fílius meus es tu,	ego hódie gé-........	nu-	i	te?
	Numquid omnes a-	pó-	sto-	li?
respóndit :	Quid...................	vis	fi-	li?
		Qua-	mób-	rem?
		Sed	quid?	
			Quae?	

Sed si periodus interrogativa sit longior, vox flectitur tantum paulo ante finem, ita ut inflexio incipiat in dictione quae cum sequentibus faciat aliquem sensum. Inferior vero nota semper fiat in syllaba antepenultima, etiam si penultima sit brevis (cf. supra diligere).

Ad punctum admirativum seu exclamans fit sicut ad punctum commune.

Haec modulatio ad punctum interrogativum fit semper loco flexae vel puncti communis in Lectione, in Prophetia, in Epistola et in Evangelio, servata intervallorum differentia. Sed in fine, concludi debet ut in loco suo notatur, etiam si desinat interrogativo modo, quia alioquin Chorus non deprehenderet lectionem esse terminatam.

III. Tonus Epistolae.

Pro Epistola, juxta usum recentem in Romano directorio traditum, vox aequaliter et protracte continuatur sine ulla modulatione, nisi quod ad interrogationem servatur tonus solitus interrogativi ut supra in Tono Prophetiae.

Ubi viget tonus ex traditione acceptus, servari potest. Quod etiam valet pro Oratione et Evangelio, ubi habentur proprii toni, dummodo a stylo gregoriano non discrepent.

Ubi tales toni non vigent, vel si dimittendi videantur, valde optandum est ut, loco praedictae lectionis in aequali voce, adhibeatur tonus sequens, olim fere ubique usurpatus, ab antiquo Cantorino Romano traditus, et hucusque in Ordinibus antiquis et multis Ecclesiis quoad substantiam servatus.

Titulus. *Metrum.*

L Ecti- o Epístolae be- á-ti Pauli Apósto- li ad

Romá- nos. ad Co- rínthi- os. ad Gá-la-tas. ad Ti- tum.

Lécti- o libri Apo-ca-lýpsis be- á-ti Jo- ánnis Apósto- li.

In aliis titulis praeter Epistolas B. Pauli et Apocalypsim, non fit metrum.

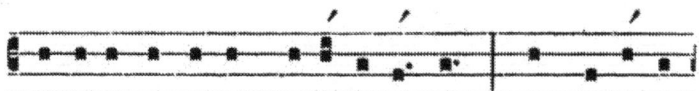

L Ecti- o Actu- um Aposto-ló- rum. In di- é-bus

il-lis : Petrus...

Sic semper cantanda sunt verba : In diébus illis. *in principio textus.*

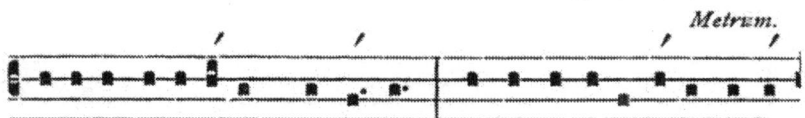

Metrum.

Lécti- o I-sa- í- ae Prophé-tae. Surge, il-lumi-ná-re Je-rú-

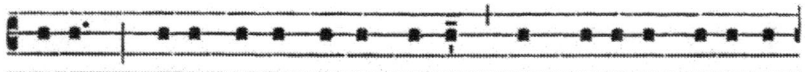

sa-lem : qui- a ve-nit lumen tu- um, et gló-ri- a Dómi-ni

Tonus Epistolae.

Punctum.

super te orta est. Qui- a ecce té-nebrae o-pé-ri- ent ter-

ram, et ca-lí-go pópu-los : super te autem o-ri- é-tur Dóminus,

et gló-ri- a e-jus in te vi-dé-bi-tur. Et ambu-lá-bunt gen-

tes in lúmi-ne tu- o, et reges in splendó-re ortus tu- i.

Leva in circú- i-tu ó-cu-los tu- os, et vi-de : omnes isti

congre-gá-ti sunt, vené-runt ti-bi : fí- li- i tu- i de longe

vé-ni- ent, et fí- li- ae tu-ae de lá-te- re surgent. *etc.*

In fine : aurum et thus de-fe-réntes, et laudem Dómi-no

annunti- ántes.

Haec conclusio constat duobus accentibus qui inter se aliquantulum distare debent, ita ut primus fiat ante ultimum periodi membrum, seu ante ultima verba quae simul aliquem faciunt sensum.

In hoc tono habetur metrum et punctum. Interrogatio fit ut supra, 122*. Annuntiatio relati sermonis fit recta voce. In periodis longioribus metrum repeti potest una vice vel pluries, prout textus permittit : metrum enim ibi tantum fieri potest ubi habetur quaedam in sensu distinctio. Rursus ubi textus brevior est, vel sensus non permittit, metrum omittitur.

Nec in metro nec in puncto habetur specialis ratio de voce monosyllaba vel hebraica.

Pro conclusione habetur modulatio specialis, etiamsi textus desinat cum interrogatione.

Exempla Metri.

	pró-pi-	or est	no-	stra	sa-	lus.
	con-fi-	té-	bi- tur	Dó- mi-	no.
	an- gu-	sti-	a	vé-	runt.
	sci-én- ti-	am	san-	ctó-	rum.
	per-se-	quén-	ti-	bus	vos.
	Má- di-	an	et	E-	pha.
	de-	ín-	de pro	pó- pu-	li.
	Dó-mi- nus	De-	us lo-	cú- tus	est.

Exempla Puncti.

indu- á-	mur	ar-	ma	lu-	cis.
in- ter-	fí- ci-	et	ím- pi-	um.
ap-	pro-	pin-	quá-	bit.
gló-ri-	a	cae-	lé-	sti.
di- li-	gén-	ti-	bus	se.
re- sur-	ré- xit a	mór-tu-	is.
su- per	te	or- ta	est.

Tonus Evangelii.

Exempla Conclusionis.

re-pro-bá-	re	ma-	lum	et e-lí-ge-re	bo- num.
sed in-	du-	í-	mi-ni	Dóminum Jesum Chri-	stum.
ó-mni-bus	di-	é-	bus...	consummatiónem saé-	cu-li.

A {
a-bun-dé-	tis	in	spe...	Spíritus	san- cti.
	i-	dem i-	pse es...	non de-	fí- ci-ent.
in	Chri-sto	Je-	su	Dómino	no- stro.

B {
	in	spe.............		Spíritus	san- cti.
	i-	pse es.............		non de-	fí- ci-ent.
in Chri-sto	Je-	su		Dómino	no- stro.

Si in fine adsit vox monosyllaba vel hebraica :

A

qui- a	non	sunt.
sors il-	ló- rum	est.
peténti-	bus	se.
Mel-	chí- se-	dech.
in saécula.	A-	men.

vel : B

qui- a non	sunt.
illórum	est.
peténtibus	se.
Melchíse-	dech.
A-	men.

IV. Tonus Evangelii.

D Omi-nus vo-bíscum. Ry. Et cum spí- ri- tu tu- o.

Punctum.

Sequénti- a sancti Evangé-li- i se-cúndum Matthaé- um.

Ry. Gló-ri- a ti-bi Dómi-ne. In il-lo témpo-re : Di-xit Je-sus

discí-pu- lis su- is : Vos estis sal terrae.   Quod si sal eva-

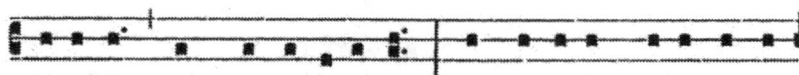

nú- e- rit,   in quo sa- li- é- tur?   Ad ní-hi-lum va-let ultra,

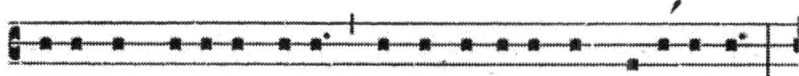

ni-si   ut mittá-tur fo-ras,   et conculcé-tur ab homi-ni-bus...

In fine : Qui autem fé-ce- rit   et do-cú- e- rit,   hic magnus

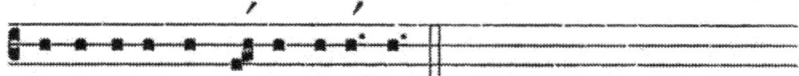

vo-cá-bi-tur in regno caeló- rum.

In hoc tono fit tantummodo punctum, vocem deprimendo in quarta syllaba ante finem periodi. Ad interrogationem, servatur tonus solitus interrogativi, ut supra, 122*, nisi venerit in fine.
Modulatio puncti finalis seu conclusio incipienda est in penultimo accentu.

Alter Tonus ad libitum.

D Omi-nus vo-bíscum. ℟. Et cum spí- ri- tu tu- o.

Metrum.   *Punctum.*

Sequénti- a sancti Evangé- li- i   se-cúndum Jo- ánnem.

Tonus Evangelii.

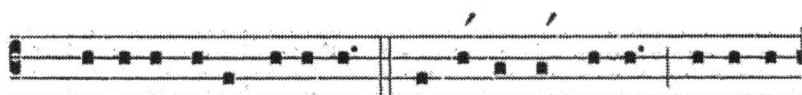

℞. Gló- ri- a ti-bi Dómi-ne. In il-lo témpo- re : Núpti- ae

factae sunt in Ca-na Ga- li-laé-ae : et e-rat Ma- ter Je-su

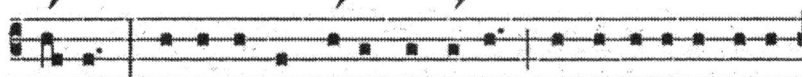

i- bi. Vo-cá-tus est autem et Je-sus, et discí-pu-li e-jus

ad núpti- as. Et de- fi-ci- énte vi-no, di-xit Ma-ter Je-su

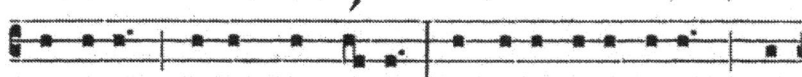

ad e- um : Vi-num non ha-bent. Et di-xit e- i Je-sus : Quid

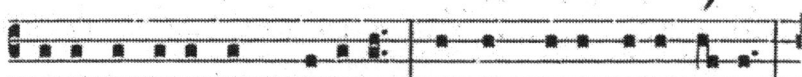

mi-hi et ti-bi est, mú-li- er? Nondum ve-nit ho-ra me- a.

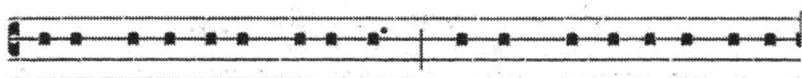

Di-xit Ma-ter e-jus mi-nístris : Quodcúmque dí-xe- rit vo-bis,

fá- ci-te... *In fine :* et cre-di-dé-runt in e- um discí-pu-li e-jus.

Verba In illo témpore, *in principio textus, semper cantanda sunt ut supra.*

*Metrum, interrogatio et conclusio fiunt ut in Epistola. Punctum
vero ut supra : sed in monosyllaba vel hebraica voce ut infra :*

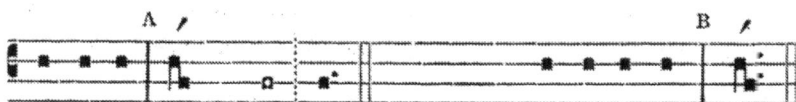

nésci- o vos.
úngerent Je- sum.
non sum.
fa- cta sunt.
Is- ra- el.
re- spón-dit : Non.

vel :

nésci- o vos.
úngerent Je- sum.
non sum.
fa- cta sunt.
Is- ra- el.
respón- dit : Non.

Tonus antiquior.

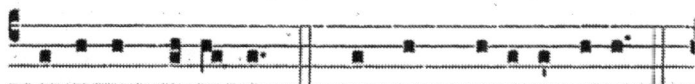

DOmi-nus vo-bí-scum. ℟. Et cum spí-ri-tu tu- o.

Metrum. *Punctum.*

Sequénti- a sancti Evangé-li- i se-cúndum Matthaé- um.

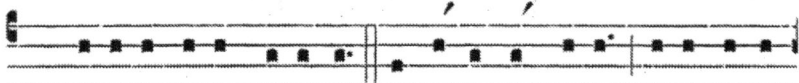

℟. Gló-ri- a ti-bi Dómi-ne. In il-lo témpo-re : Di-xit Je-sus

discí-pu-lis su- is : Vos estis sal terrae. Quod si sal e-va-

nú- e- rit, in quo sa-li- é-tur? Ad ní-hi- lum va-let ultra,

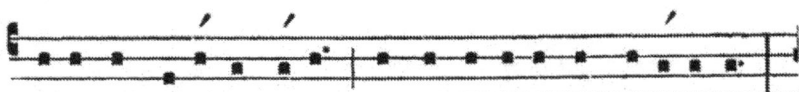

ni-si ut mittá-tur fo-ras, et conculcé-tur ab homí-ni-bus...

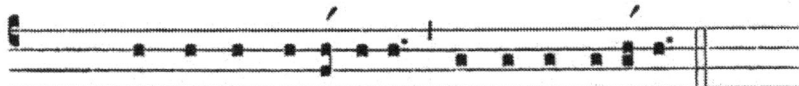

In fine : hic magnus vo-cá- bi-tur in regno caeló-rum.

Praeter punctum, omnia fiunt ut in tono praecedenti, servata intervallorum differentia. In monosyllaba vel hebraica voce ita fit punctum :

nésci-	o	vos.			nésci-	o	vos.
quibus	datum	est.			quibus	da- tum	est.
tribus	Is-ra-	el.	*vel :*		tribus	Is-ra	el.
non	fu- it	sic.			non	fu- it	sic.

V. Toni Praefationum.

1. Tonus solemnis.

Hic tonus adhibetur :

    a) in dominicis;

    b) in Missis festivis et in Missa de Officio S. Mariae in sabbato;

    c) in vigiliis Nativitatis Domini et Pentecostes;

    d) feria V. in Cena Domini et in Missa Vigiliae paschalis;

    e) per octavas;

    f) in Missis votivis I., II. et III. classis.

P   ER ómni- a saé-cu- la sae-cu- ló- rum. R̷. Amen.

℣. Dómi-nus vo-bíscum. ℟. Et cum spí-ri-tu tu- o. ℣. Sursum

corda. ℟. Habé-mus ad Dómi-num. ℣. Grá-ti- as agá-mus

Dómi- no De- o nostro. ℟. Dignum et justum est.

2. Tonus ferialis.

Hic tonus adhibetur :

   a) in Commemorationibus;
   b) in feriis;
   c) in vigiliis II. et III. classis;
   d) in Missis votivis IV. classis;
   e) in Missis defunctorum.

P ER ómni- a saécu-la saecu- ló- rum. ℟. Amen.

℣. Dómi-nus vo-bíscum. ℟. Et cum spí-ri-tu tu- o. ℣. Sursum

corda. ℟. Habémus ad Dómi-num. ℣. Grá-ti- as agámus

Dómi-no De- o nostro. ℟. Dignum et justum est.

3. Tonus solemnior.

P ER ómni- a saécu-la saecu-ló- rum. ℟. Amen.

℣. Dómi-nus vo-bíscum. ℟. Et cum spí-ri-tu tu- o. ℣. Sur-sum

corda. ℟. Ha-bémus ad Dó-mi-num. ℣. Grá-ti- as a-gámus

Dó-mi-no De- o nostro. ℟. Dignum et justum est.

VI. Ad Pater noster.

P ER ómni- a saé-cu- la sae-cu-ló- rum. ℟. Amen.

℣. Et ne nos indú-cas in tenta-ti- ó-nem. ℟. Sed lí-be- ra

nos a ma- lo.

VII. Ante Agnus Dei.

P ER ómni- a saécu-la saecu-ló- rum. ℟. Amen. ℣. Pax

† Dómi-ni sit † semper vo-bís-†cum. ℟. Et cum spí-ri-tu tu- o.

VIII. Ad Bened. pontificalem.

S IT nomen Dómi-ni bene-dictum. ℟. Ex hoc nunc et

usque in saécu-lum. ℣. Adju-tó-ri- um nostrum in nómi-ne

Dómi-ni. ℟. Qui fe-cit caelum et terram.

B Ene-dí-cat vos omní-pót-ens De- us : Pa-ter, et Fí-

li- us, et Spí-ri-tus Sanctus. ℟. Amen.

Toni ℣. Gloria Patri
ad Introitum.

1.

G Ló-ri- a Patri, et Fí- li- o,   et Spi- rí-tu- i Sancto.

Sic- ut e-rat in princí-pi- o,   et nunc, et semper,   et   in

saécu-la saecu- ló-rum. A- men. *vel* E u   o u a e.

vel E u   o u a   e.

2.

G Ló- ri- a Patri, et Fí- li- o,   et Spi- rí- tu- i San-

cto. * Sic- ut e-rat in princí-pi- o,   et nunc, et semper,

et   in saécu-la saecu-ló-rum. Amen.

Toni Gloria Patri ad Introitum.

3.

G Ló-ri- a Patri, et Fí- li- o, et Spi-rí-tu- i Sancto. *

Sic-ut e-rat in princí-pi- o, et nunc, et semper, et in

saécu-la saecu- ló- rum. Amen.

4.

G Ló- ri- a Patri, et Fí- li- o, et Spi- rí- tu- i Sancto. *

Sic- ut e-rat in princí-pi- o, et nunc, et semper, et in

saécu-la saecu-ló-rum. Amen. *vel* E u o u a e.

5.

G Ló- ri- a Patri, et Fí- li- o, et Spi-rí-tu- i Sancto. *

Sic-ut e-rat in princí-pi- o, et nunc, et semper, et in

saécu-la saecu-ló-rum. Amen. *vel* E u o u a e.

6.

G Ló-ri- a Patri, et Fi- li- o, et Spi- rí-tu- i Sancto. *

Sic- ut e-rat in princí- pi- o, et nunc, et semper, et in

saécu-la saecu-ló-rum. Amen. *vel* E u o u a e.

7.

G Ló- ri- a Patri, et Fí-li- o, et Spi-rí-tu- i Sancto. *

Sic- ut e-rat in princí-pi- o, et nunc, et semper, et in

saécu-la saecu- ló-rum. A- men.

8.

G Ló-ri- a Patri, et Fí-li- o, et Spi- rí- tu- i Sancto. *

Sic- ut e-rat in princí-pi- o, et nunc, et semper, et in

saécu-la saecu- ló- rum. Amen. *vel* E u o u a e.

Modus cantandi Alleluia
Tempore Paschali

SECUNDUM OCTO TONOS.

Ad Introitum.

Ad Offertorium.

1. AL- le- lú- ia.

2. AL-le- lú- ia.

3. AL-le- lú- ia.

4. AL- le- lú- ia.

5. AL-le- lú- ia.

6. AL-le- lú- ia.

7. AL-le- lú- ia.

8. AL-le- lú- ia.

Ad Communionem.

1.
A L-le- lú- ia.

2.
A L-le- lú- ia.

3.
A L-le- lú- ia.

4.
A L-le- lú- ia.

5.
A L-le- lú- ia.

6.
A L- le- lú- ia.

7.
A L- le- lú- ia.

8.
A L-le- lú- ia.

APPENDIX

Pro Gratiarum Actione.

Hymnus. 3. (Tonus solemnis.)

T E De- um laudá-mus: * te Dóminum confi-té- mur.

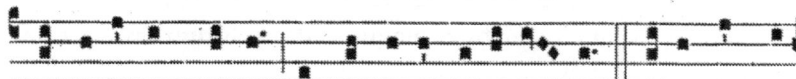

Te aetérnum Patrem omnis terra ve-ne-rá- tur. Ti-bi omnes

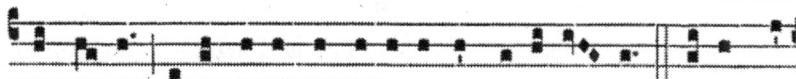

Ange- li, ti-bi caeli et u-nivérsae pot-está- tes : Ti-bi Ché-

ru-bim et Sé-raphim incessá-bi- li vo-ce proclá- mant : Sanctus :

Sanctus : Sanctus Dómi-nus De- us Sá-ba- oth. Ple-ni sunt

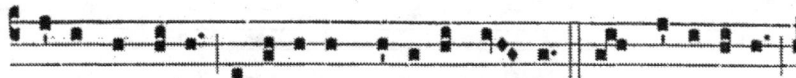

caeli et terra ma-jestá-tis gló-ri-ae tu- ae. Te glo-ri- ó-sus

Aposto-ló-rum cho- rus : Te Prophe-tá-rum laudá-bi- lis núme-

rus : Te Márty-rum candi-dá-tus laudat exérci- tus. Te per

orbem terrá-rum sancta confi-té-tur Ecclé-si- a : Pa-trem

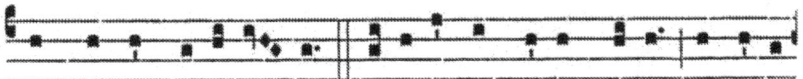

imménsae ma-jestá- tis : Vene-rándum tu-um ve-rum, et úni-

cum Fí- li- um : Sanctum quoque   Pa-rácli-tum Spí-ri- tum.

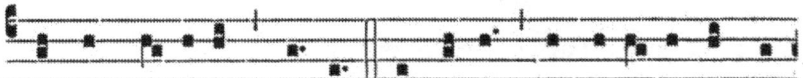

Tu Rex gló- ri-ae, Chri-ste.   Tu Patris   sempi-térnus es Fí-

li- us. Tu   ad li-be-rándum susceptúrus hó-mi- nem, non hor-

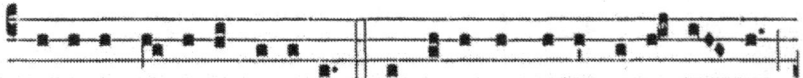

ru- ísti Vírgi-nis ú-te-rum. Tu de-vícto mortis a-cú- le- o,

ape-ru- ísti credénti-bus regna caeló- rum. Tu   ad déxte-ram

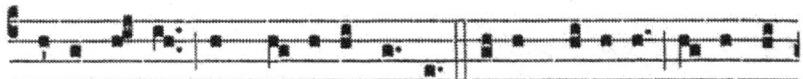

De- i se- des, in gló- ri- a Pa-tris. Judex créde-ris es-se ven-

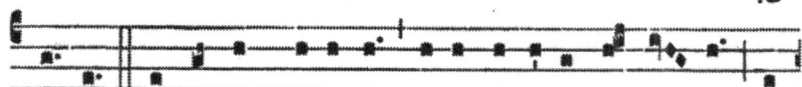

tú-rus. Te ergo quaésumus, tu- is fámu-lis súbve- ni, quos

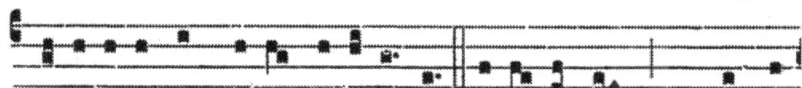

pre-ti- ó-so sángui-ne redemí-sti. Ætérna fac cum sanctis

tu- is in gló-ri- a nume-rá- ri. Salvum fac pópu-lum tu- um

Dómi-ne, et bé-ne-dic he-re- di-tá-ti tu- ae. Et re-ge

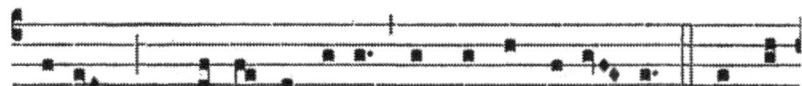

e- os, et extól- le il-los usque in aetér- num. Per sín-

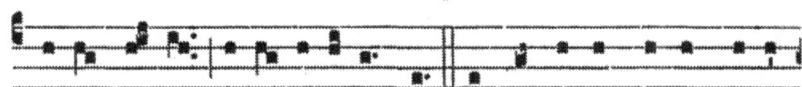

gu-los di- es, be-ne-dí-cimus te. Et laudámus nomen tu-um

in saé-cu- lum, et in saécu-lum saécu-li. Digná-re Dómi-ne

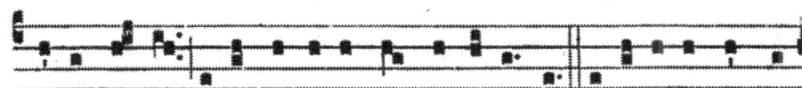

di- e i- sto si-ne peccá-to nos custo-dí- re. Mi-se-ré-re nostri

Dó-mi- ne, mi-se- ré-re nostri. Fi- at mi-se-ri-córdi- a tu- a

Pro gratiarum actione.

Dómi-ne su-per nos, quemádmodum spe-rá-vi-mus in te.

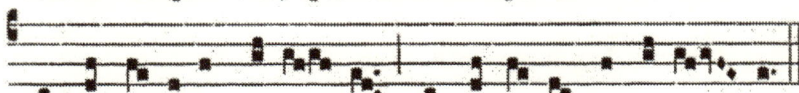

In te Dó-mi-ne spe-rá- vi : non confúndar in aetér- num.

Tonus simplex.

3.

TE De- um laudá-mus : * te Dómi-num confi-té-mur.

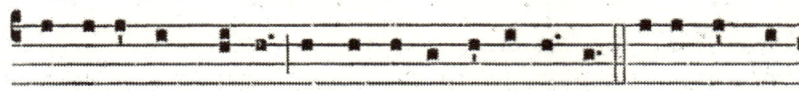

Te aetérnum Patrem omnis terra ve-ne-rá- tur. Ti-bi omnes

Ange- li, ti-bi cae-li et u-ni-vérsae pot-está- tes : Ti- bi

Ché-ru-bim et Sé- raphim incessá-bi- li vo-ce proclá-mant :

Sanctus : Sanctus : San-ctus Dómi-nus De- us Sá-ba- oth.

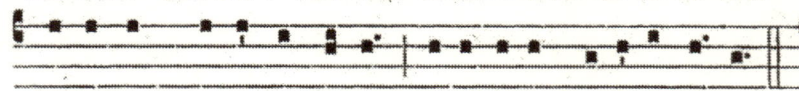

Ple-ni sunt cae-li et terra ma-jestá-tis gló-ri-ae tu- ae.

Te glo-ri- ó-sus Aposto-ló-rum cho- rus : Te Prophe-tá-rum

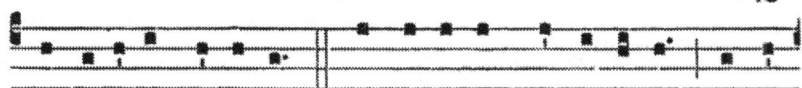

laudá-bi- lis núme-rus : Te Márty-rum candi-dá-tus laudat

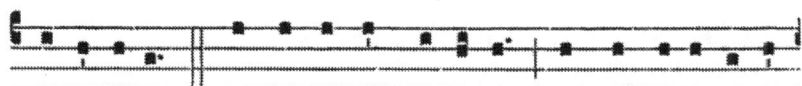

ex-érci- tus. Te per orbem terrá-rum sancta confi-té-tur

Ecclé-si- a : Pa-trem imménsae ma-jestá- tis : Ve-ne-rándum

tu- um ve- rum et ú-ni- cum Fí- li- um : Sanctum quoque

Pa-rácli-tum Spí-ri-tum. Tu Rex gló-ri-ae, Chri-ste. Tu Patris

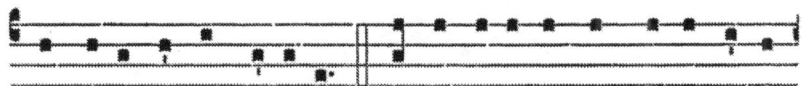

sempi-térnus es Fí- li- us. Tu ad li-be-rándum susceptú-rus

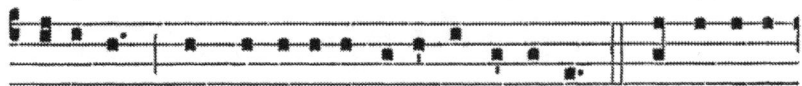

hómi-nem, non horru- ísti Vírgi-nis ú-te-rum. Tu de-vícto

mortis acú-le- o, a-pe-ru- ísti credénti-bus regna caeló- rum.

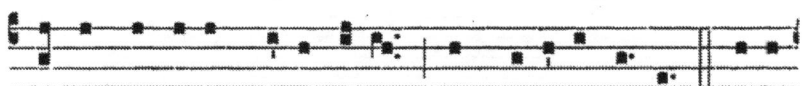

Tu ad déxte-ram De- i se-des, in gló-ri- a Pa-tris. Ju-dex

Pro gratiarum actione.

créde-ris   esse ventú- rus. Te   ergo quaésumus, tu- is fámu-

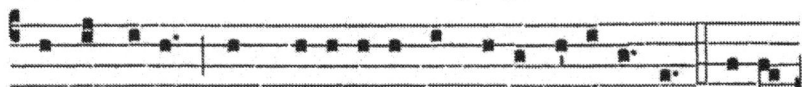

lis súbve-ni, quos pre-ti- ó-so sánguine red-emí-sti.   Ætér-

na fac   cum Sanctis tu- is in gló-ri- a nume-rá- ri. Salvum

fac pópu-lum tu- um Dómine,   et béne- dic he-re- di-tá- ti

tu- ae. Et re-ge e- os,   et extól-le il-los usque in

aetér- num. Per síngu-los di- es, be-ne-dí-cimus te.   Et lau-

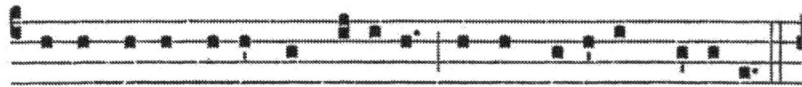

dámus nomen tu- um in saécu-lum, et in saécu-lum saécu-li.

Digná-re Dómi-ne di- e isto   si-ne peccá-to nos custo-

dí- re.   Mi-se-ré-re nostri Dómi-ne, mi-se-ré-re nostri.

Te Deum laudamus. 147*

(musical notation)

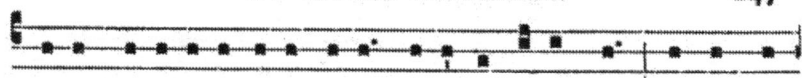

Fi- at mi-se-ri-córdi- a tu- a Dómi-ne super nos, quemádmo-

(musical notation)

dum spe-rávimus in te. In te Dómi-ne spe-rá- vi : non

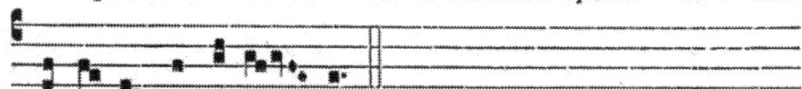

(musical notation)

confúndar in aetér- num.

Alio modo, juxta morem Romanum.

(musical notation)

E De- um lau-dá-mus : * te Dómi-num confi-té-mur.

(musical notation)

Te aetérnum Pa- trem omnis terra vene-rá- tur. Ti-bi omnes

(musical notation)

Ange- li, ti-bi cae-li et u-nivérsae pot-está- tes : Ti-bi Ché-ru-

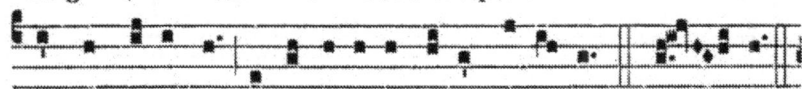

(musical notation)

bim et Sé-raphim incessá-bi- li vo-ce proclámant : San- ctus :

(musical notation)

San- ctus : Sanctus Dómi-nus De- us Sá-ba- oth. Ple-ni sunt

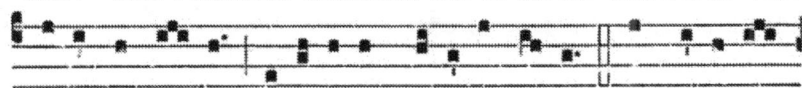

(musical notation)

cae-li et ter- ra ma-jestá-tis gló-ri-ae tu- ae. Te glo-ri- ó-

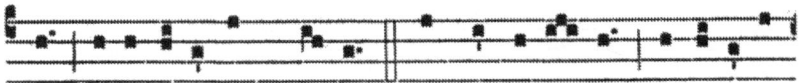

sus Aposto-ló-rum cho-rus : Te Prophe-tá- rum laudá-bi- lis

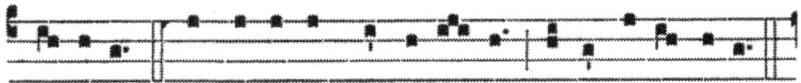

núme-rus : Te Márty-rum candi-dá- tus laudat ex-ér-ci-tus.

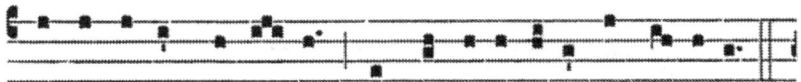

Te per orbem terrá- rum sancta confi-té-tur Ecclé- si- a :

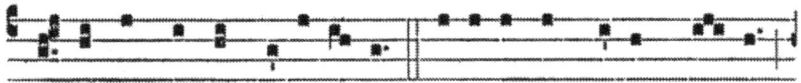

Patrem imménsae ma-jestá- tis : Vene-rándum tu- um ve- rum,

et úni-cum Fí- li- um : Sanctum quoque Pa-rá-cli-tum Spí-

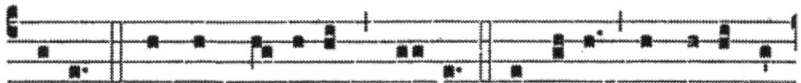

ri-tum. Tu Rex gló- ri- ae, Chri-ste. Tu Patris sempi-térnus

es Fí- li- us. Tu ad li-be-rándum susceptúrus hómi-nem, non

horru- ísti Vírgi-nis ú-te-rum. Tu de-vícto mortis á-cu-le- o,

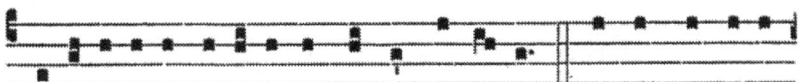

ape-ru- ísti credénti-bus regna cae-ló- rum. Tu ad déxte-ram

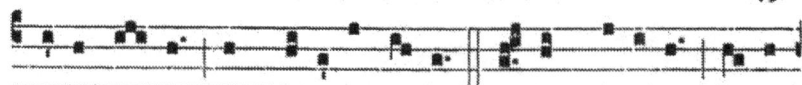

De- i se- des, in gló-ri- a Pa-tris. Ju-dex créde- ris esse

ventú-rus. Te ergo quaésumus, tu- is fámu-lis súbve-ni,

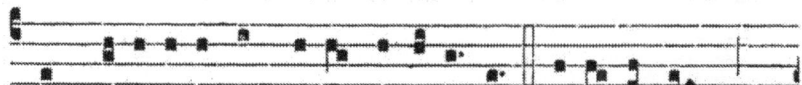

quos pre-ti- ó-so sángui-ne red-emí-sti. Ætérna fac cum

sanctis tu- is in gló-ri- a nume-rá- ri. Salvum fac pópu-

lum tu- um Dómi-ne, et béne-dic he-re- di-tá-ti tu- ae.

Et re-ge e- os, et extól-le il-los usque in aetér- num.

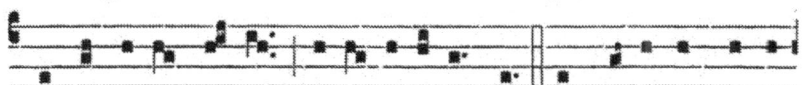

Per síngu-los di- es, be-ne- dí-cimus te. Et laudámus nomen

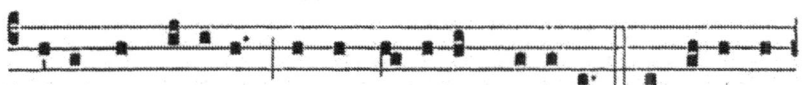

tu- um in saécu-lum, et in saécu-lum saécu-li. Digná-re Dó-

mi-ne di- e i- sto si-ne peccá-to nos·custo-dí- re. Mi-se-ré-re

Invocatio Sancti Spiritus.

nostri Dómi-ne, mi-se-ré-re nostri.   Fi- at mi-se-ri-córdi- a

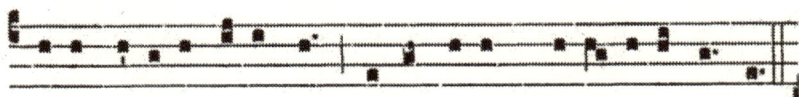

tu- a Dómi-ne super nos, quemádmodum spe-rá-vimus in te.

In te Dó-mi-ne spe-rá-   vi : non confúndar in ae-tér-   num.

℣. Benedicámus Patrem et Fílium cum Sancto Spíritu. *
℟. Laudémus et superexaltémus eum in saécula.
℣. Benedíctus es Dómine in firmaménto caeli.
℟. Et laudábilis, et gloriósus, et superexaltátus in saécula.
℣. Dómine exáudi oratiónem meam.
℟. Et clamor meus ad te véniat.
℣. Dóminus vobíscum. ℟. Et cum spíritu tuo.

ORÉMUS.   *Oratio.*

DEus, cujus misericórdiae non est númerus, et bonitátis infinítus est thesáurus : † piíssimae Majestáti tuae pro collátis donis grátias ágimus, tuam semper cleméntiam exorántes; * ut qui peténtibus postuláta concédis, eósdem non déserens, ad praémia futúra dispónas. Per Christum Dóminum nostrum. ℟. Amen.

* *His ℣℣. et ℟℟. Tempore Paschali non additur* Allelúia.

Hymnus de Spiritu Sancto.

8.

V E-ni Cre- á-tor Spí-ri-tus, Mentes tu- ó-rum ví-si-ta :

Imple su- pérna grá-ti- a Quae tu cre- ásti   pécto- ra.

Qui díceris Paráclitus,
Altíssimi donum Dei,
Fons vivus, ignis, cáritas,
Et spiritális únctio.

Tu septifórmis múnere,
Dígitus patérnae déxterae,
Tu rite promíssum Patris,
Sermóne ditans gúttura.

Accénde lumen sénsibus,
Infúnde amórem córdibus,
Infírma nostri córporis
Virtúte firmans pérpeti.

Hostem repéllas lóngius,
Pacémque dones prótinus :
Ductóre sic te praévio,
Vitémus omne nóxium.

Per te sciámus da Patrem,
Noscámus atque Fílium,
Teque utriúsque Spíritum
Credámus omni témpore.

Deo Patri sit glória,
Et Fílio, qui a mórtuis
Surréxit, ac Paráclito,
In saeculórum saécula. Amen.

Secundum usum antiquum :

Veni Creátor Spíritus,
Mentes tuórum vísita :
Imple supérna grátia
Quae tu creásti péctora.

Qui Paráclitus díceris,
Donum Dei altíssimi,
Fons vivus, ignis, cáritas,
Et spiritális únctio.

Tu septifórmis múnere,
Dextrae Dei tu dígitus,
Tu rite promíssum Patris,
Sermóne ditans gúttura.

Accénde lumen sénsibus,
Infúnde amórem córdibus,

Infírma nostri córporis
Virtúte firmans pérpeti.

Hostem repéllas lóngius,
Pacémque dones prótinus :
Ductóre sic te praévio,
Vitémus omne nóxium.

Per te sciámus da Patrem,
Noscámus atque Fílium,
Te utriúsque Spíritum
Credámus omni témpore.

Sit laus Patri cum Fílio,
Sancto simul Paráclito,
Nobísque mittat Fílius
Charísma Sancti Spíritus. Amen.

Haec Doxologia Sit laus *dicitur tantummodo extra Officium.*

℣. Emítte Spíritum tuum et creabúntur. (*T. P.* Allelúia.)
℞. Et renovábis fáciem terrae. (*T. P.* Allelúia.)

Orémus.   *Oratio.*

DEus, qui (hodiérna die) corda fidélium Sancti Spíritus illustratióne docuísti : † da nobis in eódem Spíritu recta sápere, * et de ejus semper consolatióne gaudére. Per Christum Dóminum nostrum. ℞. Amen.

IN FESTO CORPORIS CHRISTI.

AD PROCESSIONEM.

Hymn.
3.

P Ange lingua glo-ri- ó-si Córpo-ris mysté-ri- um,

Sangui-nísque pre-ti- ó-si, Quem in mundi pré- ti- um Fructus

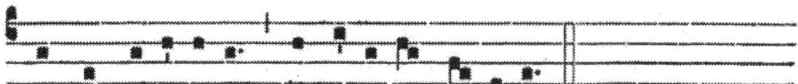

ventris gene-ró-si Rex effú-dit gén-ti- um.

Nobis datus, nobis natus
Ex intácta Vírgine,
Et in mundo conversátus,
Sparso verbi sémine,
Sui moras incolátus
Miro clausit órdine.

In suprémae nocte coenae
Recúmbens cum frátribus,
Observáta lege plene
Cibis in legálibus,
Cibum turbae duodénae
Se dat suis mánibus.

Verbum caro, panem verum
Verbo carnem éfficit :
Fitque sanguis Christi merum,

Et si sensus déficit,
Ad firmándum cor sincérum
Sola fides súfficit.

Tantum ergo Sacraméntum
Venerémur cérnui :
Et antíquum documéntum
Novo cedat rítui :
Praestet fides suppleméntum
Sénsuum deféctui.

Genitóri, Genitóque
Laus et jubilátio,
Salus, honor, virtus quoque
Sit et benedíctio :
Procedénti ab utróque
Compar sit laudátio. Amen.

Alter tonus ejusdem Hymni.

PAnge lingua glori-ó-si Córpo-ris mysté-ri-um,

Sangui-nísque pre-ti-ó-si, Quem in mundi pré-ti-um

Fructus ventris gene-ró-si Rex effú-dit génti-um.

Hymnus.

SAcris sol-émni-is juncta sint gáudi-a, Et ex

prae-córdi-is sonent praecó-ni-a : Re-cé-dant vé-te-ra, no-va

sint ómni-a, Corda, vo-ces et ópe-ra.

Noctis recólitur coena novíssima,
Qua Christus créditur agnum et ázyma
Dedísse frátribus, juxta legítima
Priscis indúlta pátribus.

Post agnum týpicum, explétis épulis,
Corpus Domínicum datum discípulis,
Sic totum ómnibus, quod totum síngulis,
Ejus fatémur mánibus.

Dedit fragílibus córporis férculum,
Dedit et trístibus sánguinis póculum,
Dicens : Accípite quod trado vásculum,
Omnes ex eo bíbite.

Sic sacrifícium istud instítuit,
Cujus officium commítti vóluit
Solis presbýteris, quibus sic cóngruit,
Ut sumant, et dent céteris.

Panis angélicus fit panis hóminum;
Dat panis caélicus figúris términum :
O res mirábilis! mandúcat Dóminum
Pauper, servus, et húmilis.

Te trina Déitas únaque póscimus,
Sic nos tu vísita, sicut te cólimus :
Per tuas sémitas duc nos quo téndimus,
Ad lucem quam inhábitas. Amen.

Alter cantus ejusdem Hymni.

1.
S Acris sol- émni- is juncta sint gáudi- a, Et ex

prae-córdi- is so- nent praecó-ni- a : Re-cé-dant vé-te-ra,

no-va sint ómni- a, Corda, vo-ces et ó-pe-ra.

Hymnus.

8.
V Erbum su-pérnum pród-i- ens, Nec Patris linquens

déxte-ram, Ad opus su- um éx- i- ens, Ve-nit ad vi- tae

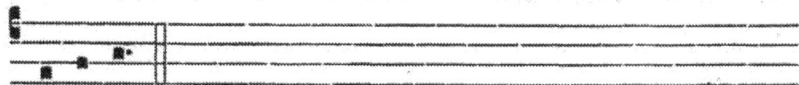

véspe-ram.

In mortem a discípulo
Suis tradéndus aémulis,
Prius in vitae férculo
Se trádidit discípulis.

Quibus sub bina spécie
Carnem dedit et sánguinem :
Ut dúplicis substántiae
Totum cibáret hóminem.

Se nascens dedit sócium,
Convéscens in edúlium,

Se móriens in prétium,
Se regnans dat in praémium.

O salutáris hóstia,
Quae caeli pandis óstium,
Bella premunt hostília,
Da robur, fer auxílium.

Uni trinóque Dómino
Sit sempitérna glória,
Qui vitam sine término
Nobis donet in pátria. Amen

Hymnus.

4.

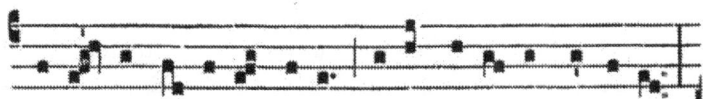

S A-lú- tis humánae Sa-tor, Je-su, vo-lúptas córdi- um,

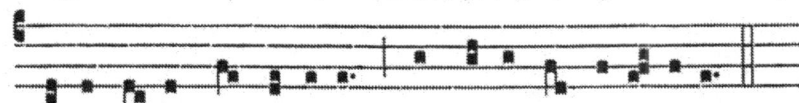

Orbis red-émpti Cóndi-tor, Et casta lux amánti- um.

Qua victus es cleméntia,
Ut nostra ferres crímina?
Mortem subíres ínnocens,
A morte nos ut tólleres?

Perrúmpis inférnum chaos;
Vinctis caténas détrahis;
Victor triúmpho nóbili
Ad déxteram Patris sedes.

Te cogat indulgéntia,
Ut damna nostra sárcias,
Tuíque vultus cómpotes
Dites beáto lúmine.

Tu dux ad astra, et sémita,
Sis meta nostris córdibus,
Sis lacrimárum gáudium,
Sis dulce vitae praémium. Amen.

Secundum usum antiquum :

Jesu nostra redémptio,
Amor et desidérium,
Deus Creátor ómnium,
Homo in fine témporum.

Quae te vicit cleméntia,
Ut ferres nostra crímina,
Crudélem mortem pátiens,
Ut nos a morte tólleres!

Inférni claustra pénetrans,
Tuos captívos rédimens :

Victor triúmpho nóbili,
Ad dextram Patris résidens.

Ipsa te cogat píetas,
Ut mala nostra súperes
Parcéndo, et voti cômpotes
Nos tuo vultu sáties.

Tu esto nostrum gáudium,
Qui es futúrus praémium :
Sit nostra in te glória
Per cuncta semper saécula. Amen.

Hymnus.

8. Æ- tér- ne Rex al- tíssime, Red-émptor et fi- dé-

li- um, Cui mors per-émpta dé-tu-lit Summae tri- úmphum

gló-ri- ae.

Ascéndis orbes síderum
Quo te vocábat caélitus
Colláta, non humánitus
Rerum potéstas ómnium.

Ut trina rerum máchina,
Caeléstium, terréstrium,
Et inferórum cóndita,
Flectat genu jam súbdita.

Tremunt vidéntes Angeli
Versam vicem mortálium :

Peccat caro, mundat caro,
Regnat Deus Dei caro.

Sis ipse nostrum gáudium
Manens olýmpo praémium,
Mundi regis qui fábricam,
Mundána vincens gáudia.

Hinc te precántes quaésumus,
Ignósce culpis ómnibus,
Et corda sursum súbleva
Ad te supérna grátia.

Ut cum repénte coéperis
Clarére nube júdicis,
Poenas repéllas débitas,
Reddas corónas pérditas.

Jesu, tibi sit glória,
Qui victor in caelum redis,
Cum Patre, et almo Spíritu
In sempitérna saécula. Amen.

Secundum usum antiquum :

Ætérne Rex altíssime,
Redémptor et fidélium,
Quo mors solúta déperit,
Datur triúmphus grátiae.

Scandens tribúnal déxterae
Patris, potéstas ómnium
Colláta Jesu caélitus,
Quae non erat humánitus.

Ut trina rerum máchina,
Caeléstium, terréstrium,
Et infernórum cóndita,
Flectat genu jam súbdita.

Tremunt vidéntes Angeli
Versam vicem mortálium :
Culpat caro, purgat caro,
Regnat Deus Dei caro.

Tu Christe nostrum gáudium
Manens olýmpo praéditum,
Mundi regis qui fábricam,
Mundána vincens gáudia.

Hinc te precántes quaésumus,
Ignósce culpis ómnibus,
Et corda sursum súbleva
Ad te supérna grátia.

Ut cum repénte coéperis
Clarére nube Júdicis,
Poenas repéllas débitas,
Reddas corónas pérditas.

Glória tibi Dómine,
Qui scandis super sídera,
Cum Patre, et Sancto Spíritu,
In sempitérna saécula. Amen.

Hymnus. Te Deum laudámus, *ut supra*, 141*-150*.

Canticum Zachariae.

BEnedíctus Dóminus Deus Israel : * quia visitávit, et fecit redemptiónem plebis suae :

Et eréxit cornu salútis nobis : * in domo David púeri sui.

Sicut locútus est per os sanctórum, * qui a saéculo sunt, prophetárum ejus :

Salútem ex inimícis nostris, * et de manu ómnium qui odérunt nos :

Ad faciéndam misericórdiam cum pátribus nostris : * et memorári testaménti sui sancti :

Jusjurándum, quod jurávit ad Abraham patrem nostrum, * datúrum se nobis :

Ut sine timóre, de manu inimicórum nostrórum liberáti, * serviámus illi :

In sanctitáte et justítia coram ipso, * ómnibus diébus nostris.

Et tu, puer, Prophéta Altíssimi vocáberis : * praeíbis enim ante fáciem Dómini, paráre vias ejus :

Ad dandam sciéntiam salútis plebi ejus : * in remissiónem peccatórum eórum :

Per víscera misericórdiae Dei nostri : * in quibus visitávit nos, óriens ex alto :

Illumináre his qui in ténebris, et in umbra mortis sedent : * ad dirigéndos pedes nostros in viam pacis.

Glória Patri.

Canticum B. Mariae Virginis.

MAgníficat * ánima mea Dóminum.

Et exsultávit spíritus meus * in Deo salutári meo.

Quia respéxit humilitátem ancíllae suae : * ecce enim ex hoc beátam me dicent omnes generatiónes.

Quia fecit mihi magna qui potens est : * et sanctum nomen ejus.

Et misericórdia ejus a progénie in progénies * timéntibus eum.

Fecit poténtiam in bráchio suo : * dispérsit supérbos mente cordis sui.

Depósuit poténtes de sede, * et exaltávit húmiles.

Esuriéntes implévit bonis : * et dívites dimísit inánes.

Suscépit Israel púerum suum,* recordátus misericórdiae suae,

Sicut locútus est ad patres nostros, * Abraham et sémini ejus in saécula.

Glória Patri.

Ad Benedictionem Ss. Sacramenti.

3.

TAntum ergo Sacraméntum Ve-ne-rémur cérnu- i :

Et antíquum do-cuméntum Novo cedat rí- tu- i : Praestet

fi-des suppleméntum Sénsu- um de- féctu- i.   Ge-ni- tó- ri.

Ge-ni-tóque Laus et ju-bi-lá-ti- o,   Sa-lus, honor, virtus

quoque   Sit et bene- dícti- o : Pro-ce-dénti ab utróque

Compar sit lau-dá- ti- o.   A- men.

℣. Panem de caelo praestitísti eis, allelúia. [1]
℟. Omne delectaméntum in se habéntem, allelúia.

Orémus.

DEus, qui nobis sub Sacraménto mirábili passiónis tuae memóriam reliquísti : † tríbue, quaésumus, ita nos Córporis et Sánguinis tui sacra mystéria venerári; * ut redemptiónis tuae fructum in nóbis júgiter sentiámus : Qui vivis et regnas in saécula saeculórum. ℟. Amen.

[1] *Extra Tempus Paschale et Festum Corporis Christi, non dicitur* Allelúia.

PROPRIUM
SANCTORUM
pro aliquibus locis
ubi ex indulto Sanctae Sedis concessum est.

FESTA DECEMBRIS.

Die 10. Decembris.

Translationis Almae Domus B. M. V.

Introitus. Terríbilis est. [71].

Graduale. 5.

- NAM pé- ti- i * a Dó- mi-

no, hanc re-quí- ram, ut inhá- bi- tem

in do- mo Dó- mi-ni ómni-bus di- é- bus vi-tae

me- ae.   ℣. Ut ví-de- am

vo-luptá-tem Dó-mi-ni,   et

ví-   si- tem   templum * e-   jus.

3.

A   L-le-   lú-   ia. * *ij.*

℣. Be- á-   ti   qui há- bi-tant

in domo tu-   a, Dó- mi- ne :   in saé-

cu-   la   sae-cu-ló-   rum * laudá-   bunt

te.

Offert.
5.

I Ntro- í- bo * in domum tu- am, ado- rá-

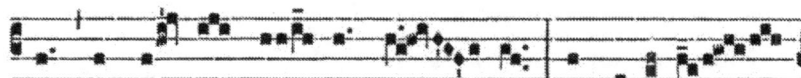

bo ad templum san- ctum tu- um, et confí- té-

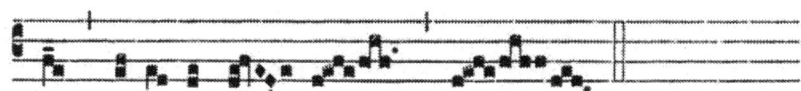

bor nómi- ni tu- o.

Comm.
2.

B E- á-tus * qui au- dit me, et qui ví-gi-lat

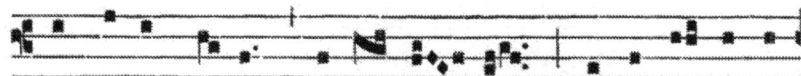

ad fo-res me- as quo-tí- di- e, et obsér-vat ad

po- stes ó- sti- i me- i. Qui me invé-ne-rit,

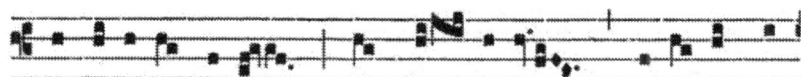

invé-ni- et vi- tam, et háu- ri- et sa-lú-tem a

Dó- mi- no.

Die 12. Decembris.

B. Mariae V. de Guadalupe.

Introitus. Salve, sancta Parens. [75].

Grad.
5.

Q Uae est i- sta, * quae pro-gré- di- tur

qua-si auró- ra consúrgens, pulchra ut lu-

na, e- lé- cta ut sol?

℣. Qua-si arcus re-fúlgens

inter né-bu- las gló- ri- ae,

et qua- si flos ro- sá- rum in di- é-bus

* ver- nis.

8.

A L-le- lú- ia. * ij.

℣. Flo- res appa-ru-é- runt

in ter- ra no- stra, tem-pus pu-ta-ti-ó- nis *

ad- vé- nit.

Post Septuagesimam, omissis Allelúia *et* ℣. *sequenti, dicitur Tractus* Gaude, María. [78].

Tempore autem Paschali, omittitur Graduale, et ejus loco dicitur : Allelúia, allelúia. ℣. Virga Jesse. [79]; *deinde* Allelúia. ℣. Ave, María. [77].

Offert.
5.

E - lé- gi, * et sancti- fi- cá- vi lo- cum i-

stum, ut sit i- bi no- men meum, et permá- ne- ant ó-cu- li

me- i   et cor me-   um i- bi   cun-

ctis di- é- bus.

Comm.
8.

N ON fe- cit * tá- li- ter   omni na-ti- ó- ni :

et ju-dí-ci- a su- a   non ma-ni-festá- vit e- is.

Die 18. Decembris.

Exspectationis Partus B. M. V.

Introitus. Roráte, caeli. 21.
Graduale. Tóllite portas. 9.

I.

A L- le- lú- ia. * *ij.*

℣. Ec- ce concí-pi- et,   et pá- ri- et fí-

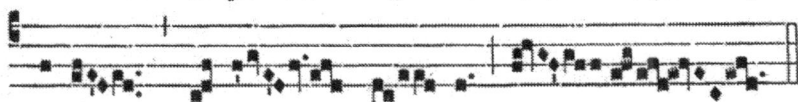

li- um   * Je-sum   Chri-   stum.

Offertorium. Ave María. 23.
Communio. Ecce Virgo. 23.

FESTA JANUARII.

Die 23. Januarii.

Desponsationis B. M. V. cum S. Joseph.

Missa. Salve, sancta parens, *ut in Festo Visitationis*, 542.
Post Septuagesimam, omissis Allelúia *et* ℣. *sequenti, dicitur Tractus* Gaude. [78].

Eadem die 23. Januarii.

S. Ildefonsi, Episcopi et Confessoris.

Missa. In médio, *de Communi Doctorum* [38], *sine* Credo.

FESTA FEBRUARII.

Die 17. Februarii.

Fugae D. N. J. C. in Ægyptum.

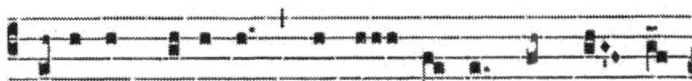

Intr.
3.
A   Nge-lus Dómi-ni * appá-   ru- it   in so-mnis

Jo-seph, di- cens : Surge, et ácci-pe pú- e-rum, et

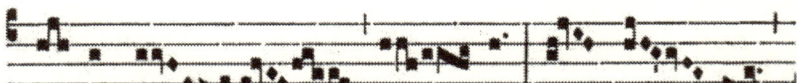

ma- trem e- jus, et fu-ge in Ægý- ptum. *Ps.* Ecce

e-longávi fú-gi- ens : * et mansi in so- li-tú-di-ne.

Gl ó-ri- a Patri. E u o u a e.

Graduale. Angelis suis. 94.

A L-le-lú- ia. * *ij.*

℣. Ange-lus Dó- mi-ni appá-ru- it in somnis

Jo- seph, di- cens : Surge, et ácci-pe pú- e-rum, et

ma- trem e- jus, et fu- ge

* in Ægý- ptum.

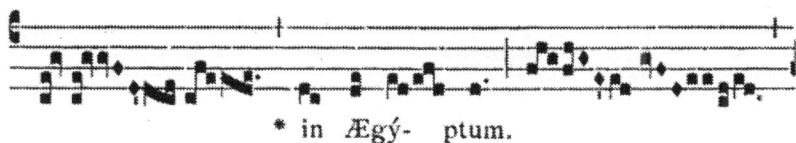

Post Septuagesimam, omissis Allelúia *et* ℣. *sequenti, dicitur :*

Tract.
2.

A Nge- lus Dó- mi- ni * appá-ru- it in somnis

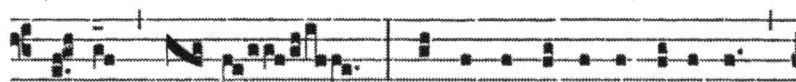

Jo- seph di- cens : Surge, et ácci-pe pú- e-rum,

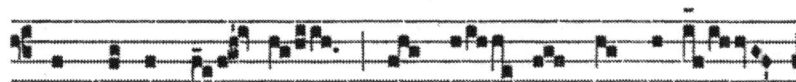

et matrem e- jus, et fu- ge in Ægý-

ptum. ℣. Et e-sto i- bi, usque dum di- cam

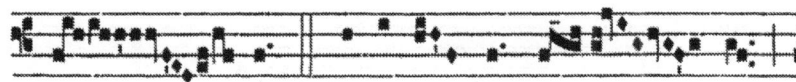

ti- bi. ℣. Fu-tú-rum est e- nim,

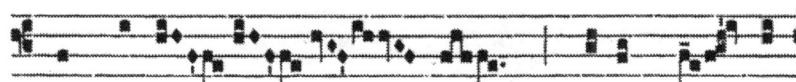

ut He- ró- des quaerat pú- e-rum   ad   perdén-dum * e-   um.

Offert.
3.

COgnoscé- tur Dómi- nus * ab Ægý- pto,

et cognó- scent Ægý- pti- i Dó- mi- num in di-

e il- la, et co- lent e- um in hó- sti- is et in

muné- ri- bus, et vo- ta vo- vé- bunt Dó-

mi-no, et sol- vent.

Comm.
I.

ET e-rat i- bi * usque ad óbi-tum He-ró-

dis : ut ad-imple-ré-tur quod dictum est a Dómi-no per

prophé- tam di- cén- tem :   Ex Ægýpto vo- cá-   vi

fi-   li- um me-   um.

Die 26. vel 27. Februarii.

S. Margaritae de Cortona, Paenitentis.

Missa. Cognóvi. [68].

Feria III. post Dominicam Septuagesimae.

Orationis Domini Nostri Jesu Christi.

Intr.
5.

C OR me-   um *conturbá- tum est   in me,

et formí- do mor-   tis   cé-ci-dit su-per me.   Ti- mor et

tremor ve-né-   runt su-   per me.   *Ps.* Salvum me fac

De- us : * quó-ni- am intravé-runt aquae   usque ad á-nimam

me- am. Gló-ri- a Patri.   E u o u a e.

Grad. 2.

REplé- ta est ma- lis * á- nima me- a,

et vi- ta me- a inférno

appro-pinquá- vit. ℣. Aesti-

má- tus sum cum descendénti-bus in la-

cum, factus sum sic-ut ho-

mo * si- ne adju- tó-

ri- o.

Tract. 2.

EX-áudi me, * Dó- mi- ne,

quó- ni- am be-ní- gna est mi-se- ri- córdi- a

tu- a.   ℣. Et ne avér-   tas

fá- ci- em tu- am a pú- e- ro tu- o:

quó- ni- am trí- bu- lor, ve- ló- ci- ter exáu-di

me.   ℣. Ne discés- se- ris

a me: quó- ni- am tri-bu-lá-ti- o pró- xi-ma

est: quó- ni- am non est * qui ád- ju-

vet.

Offert. 3.

S Al- vum * me fac,   De-

us: quó- ni- am intra-vé- runt a- quae usque

ad á-nimam me- am.

Comm.
3.

VIGILÁ- te, * et o- rá- te, ut non intré-

tis in tenta- ti- ó- nem: spí-ri-tus qui-dem promptus est,

ca- ro autem infír- ma.

Feria III. post Dominicam Sexagesimae.

In Commem. Ss. Passionis D. N. Jesu Christi.

Missa. Humiliávit semetípsum. [106].

Feria VI. post Cineres.

Ss. Spineae Coronae D. N. Jesu Christi.

Intr.
2.

E- gre- dí- mi- ni, * et vi-dé- te, fí- li- ae

Si- on, re- gem Sa- lomó- nem in di- a- dé-

ma- te, quo co- ro-ná- vit e- um ma- ter su- a,

pa-rans cru- cem Sal-va-tó- ri su- o.

Ps. Gló-ri- a et honó-re co-ronásti e- um, Dómi-ne : * et

consti-tu- ísti e- um super ópe- ra mánu- um tu- á- rum.

Gló- ri- a Patri. E u o u a e.

Grad.
3.

C Oró- na * áu-   re- a

super ca- put e-   jus :   exprés-

sa   signo sancti-tá-tis,   gló- ri- a

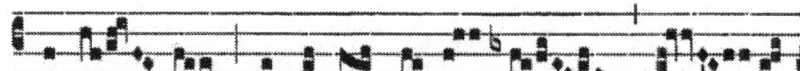

ho-nó-   ris,   et o-pus for-ti- tú-

di-nis.   ℣. Quó-ni- am praeve-ní- sti e-

um   in be-ne- di-cti- ó- ni-bus dulcé-di- nis :   po-su- í- sti   in cá-   pi-te

e-jus   co- ró-   nam   de lá-pi-de * pre-

ti- ó-   so.

Tract.
8.

INdu- it   e- um   * Dó-mi-nus   vestimén-

tis sa- lú- tis,   et indu- mén- to ju- stí-

ti- ae,   qua- si sponsum de-co-rá-

tum co-ró-   na. ℣. Co-ró- na

tri-bu- la-ti- ó-   nis   eflló-ru- it in co-ró-

nam gló- ri- ae,

(musical notation)

et ser- tum exsulta- ti- ó-

nis. ℣. Accé-pit re- gnum de- có- ris,

di- a-dé- ma spe- ci- é- i.

In Missis votivis a Pascha usque ad Pentecosten :

1.

AL- le- lú- ia. * ij.

℣. Co-ró- na áure- a super

ca- put e- jus : expréssa signo

san- cti- tá- tis,

gló-ri- a ho- nó- ris, et opus * forti- tú-

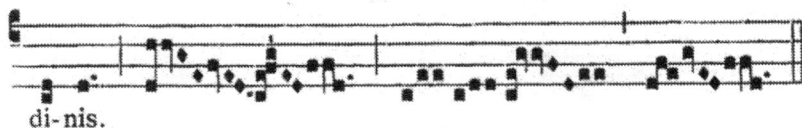

di- nis.

Allelúia. ℣. Tibi glória. [109].

A Pentecoste usque ad Septuagesimam, Graduale Coróna áurea, *ut supra,* 15**; *deinde :*

AL- le- lú-   ia. * *ij.*

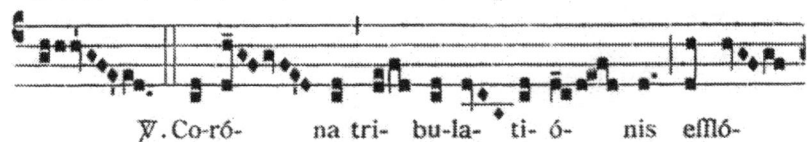

℣. Co-ró-   na tri- bu-la- ti- ó-   nis effló-

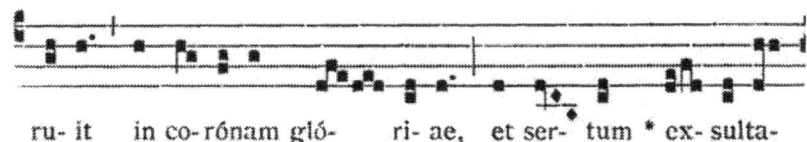

ru- it   in co-rónam gló-   ri- ae, et ser- tum * ex- sulta-

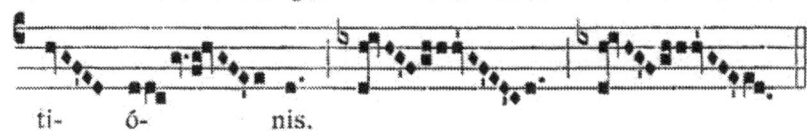

ti- ó-   nis.

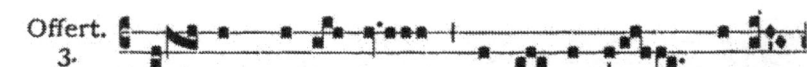

Offert.
3.
TU- am co-ró- nam * ad-o- rámus   Dómi-

ne : tu- am glo-ri- ó-   sam   re- có-limus   pas-

si- ó-   nem.

Comm.
2.

L Ae- tá-re, * ma- ter nostra, qui- a da-bit Dó-mi-

nus cá-pi-ti tu- o augmén- ta gra-ti- á- rum, et

co-ró-na íncly- ta pró-te- get te.

Feria VI. post Dominicam I. Quadragesimae.

Ss. Lanceae et Clavorum D. N. Jesu Christi.

Intr.
6.

F O- dé- runt * ma- nus me- as, et pe- des

me- os : di-nume- ravé- runt ó- mni- a os-sa

me- a : et sic-ut a- qua ef-fú- sus sum. *Ps.* Factum

est cor me- um tamquam ce- ra liquéscens, * in mé-di- o

ventris me- i. Gló-ri- a Patri. E u o u a e.

Graduale *cum* Tractu, *et* Offertorium, *ut in Missa votiva de Passione*, [107-110].

¶ *In Missis per annum post Graduale, dicitur.* Allelúia, allelúia. ℣. Ave Rex noster. [108]. — *Tempore autem Paschali, omissis Graduali et Tractu, dicitur :* Allelúia, allelúia. ℣. Ave Rex noster. [108]. *Deinde :* Allelúia. ℣. Tibi glória. [109].

Comm.
I.

V Idé- bunt * in quem transfi-xé- runt,   cum mo-

ve- rén- tur fundamén- ta ter-rae.

Feria VI. post Dom. II. Quadragesimae.

Sacratissimae Sindonis D. N. Jesu Christi.

Introitus. Humiliávit. [106].
Graduale. Impropérium. [107].
Tractus. Vere languóres. [108].

¶ *In Missis per annum, ut in Missa praecedenti.*

Offert.
6.

I Ngrés- sus * A-a-ron taberná- cu- lum,

ut ho-lo-cáustum of- fér- ret su- per al-

tá- re pro peccá- tis fi- li- ó-

rum Isra- el, tú- ni-ca lí-ne- a in-

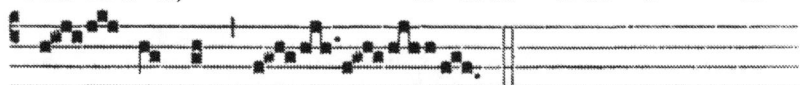

dú- tus est.

Comm.
8.

J

Oseph autem * mercá-tus síndo- nem, et de-pónens

e- um, invól- vit síndo- ne.

Feria VI. post Dom. III. Quadragesimae.

Sacror. Quinque Vulnerum D. N. Jesu Christi.

Missa. Humiliávit semetípsum. [106].

Feria VI. post Dom. IV. Quadragesimae.

Pretiosissimi Sanguinis D. N. Jesu Christi.

Missa. Redemísti. *ut in Graduali, die I. Julii*, 536.

FESTA APRILIS.

Die 16. Aprilis.

S. Benedicti Josephi Labre Conf.

Intr.
I.

R

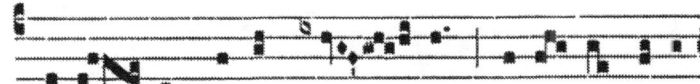

E-lí- qui * domum me- am : dimí- si he-re-

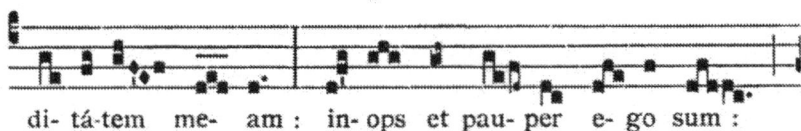

di- tá-tem me- am : in- ops et pau- per e- go sum :

Dó-mi-nus au-tem as-súmpsit me. *T. P.* Alle-lú- ia,

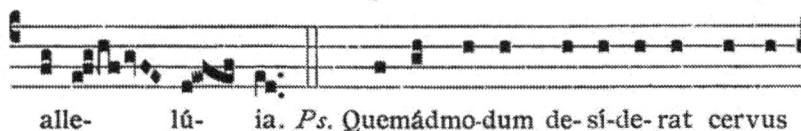

alle- lú- ia. *Ps.* Quemádmo-dum de-sí-de-rat cervus

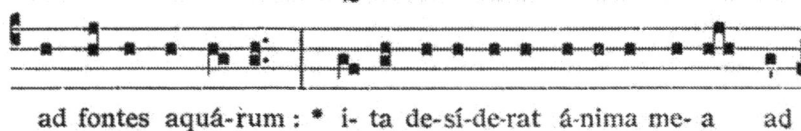

ad fontes aquá-rum : * í- ta de-sí-de-rat á-nima me- a   ad

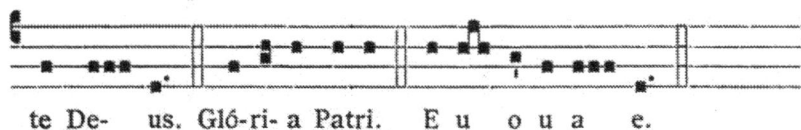

te De- us. Gló-ri- a Patri. E u o u a e.

3.   A L-le- lú- ia. * *ij.*

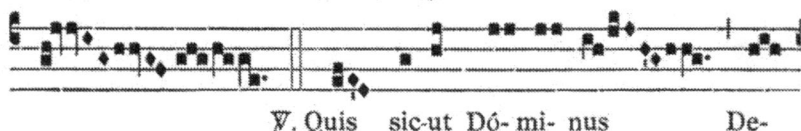

℣. Quis sic-ut Dó- mi- nus   De-

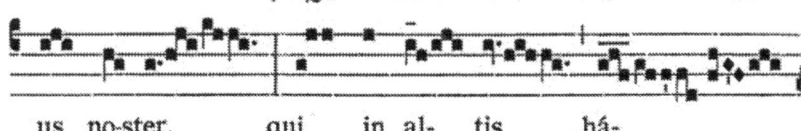

us no-ster, qui in al- tis há-

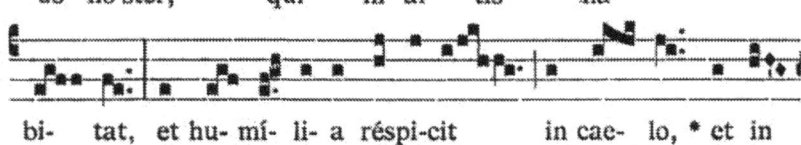

bi- tat, et hu- mí- li- a réspi-cit in cae- lo, * et in

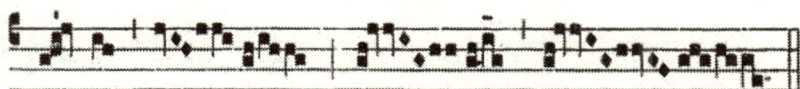

ter- ra?

4.

A L- le-lú- ia. * ℣. Sús-ci-

tans a ter- ra ín-o-pem, et de stérco-re é-ri-

gens páupe- rem : ut cól-lo-cet e-

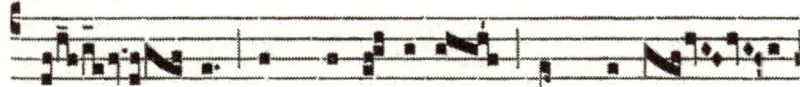

um cum princí- pi-bus, cum princí-

pi- bus * pó-pu-li su- i.

Extra Tempus Paschale :

Grad.
5.

B E- á- tus vir, * cu- jus est nomen Dó-mi-

ni spes e- jus, et non respé- xit in

va- ni-tá- tes et in-sá-ni- as falsas.

℣. E- go au- tem mendí- cus sum

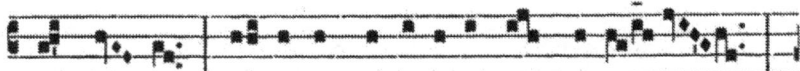

et pau- per : Dó- mi-nus sol-lí-ci- tus est me- i.

Adjú- tor   me-   us,   et pro- téctor

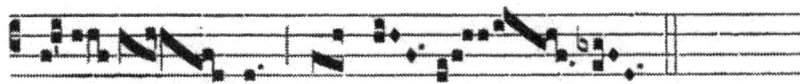

me-   us * tu   es.

7.

A   L·le- lu- ia. * *ij.*

℣. Exáu- di   o-ra-ti- ó-nem me- am, Dó- ·mi-

ne,   et depre-ca- ti- ó- nem me-   am :

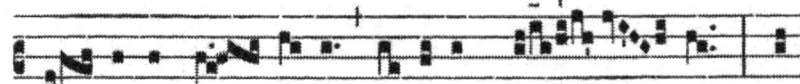

áu- ri-bus pér- ci- pe lá-crimas me-   as : quó-

ni- am ád- ve- na   e-go   sum   a-pud te,

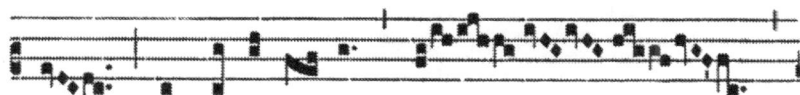

* et per-e-grí- nus.

Post Septuagesimam, omissis Allelúia *et* ℣. *sequenti, dicitur :*

Tract.
8.

NO- lí- te * di- lí- ge- re   mun-   dum,

neque e- a quae in mundo   sunt.

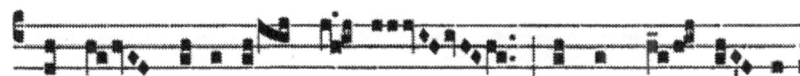

Si quis   dí- li- git   mundum,   non est cá- ri- tas

Pa- tris   in e- o.   ℣. Omne quod

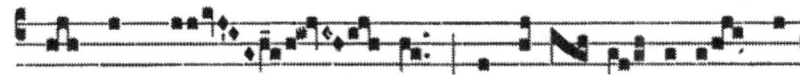

est   in mun-   do,   concu-pi- scén- ti- a   car-

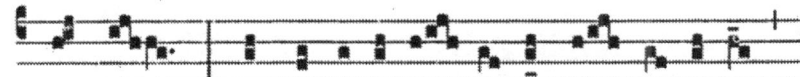

nis   est,   et concu-piscén- ti- a   o-   cu- ló-rum,

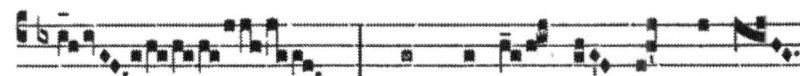

et   su-pér- bi-   a   vi- tae.

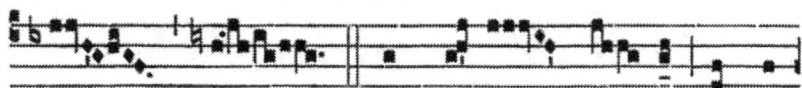

℣. Et mundus trans- it, et con- cu-piscén- ti- a e-jus : qui au- tem fa- cit vo-luntá-tem De- i, ma- net * in ae- tér- num.

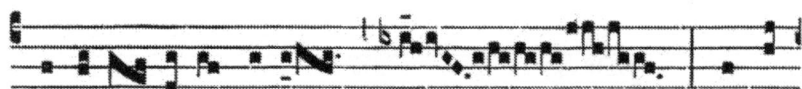

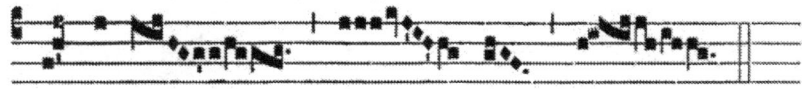

Offert.
6.

N ON ha-bé- mus * hic manén- tem ci-vi- tá- tem, sed fu-tú- ram inquí- ri- mus. Offe-rámus er- go hó- sti- am lau- dis semper De- o, fru- ctum la-bi- ó-rum confi- ténti- um nómi-ni e- jus. *T. P.* Alle- lú- ia.

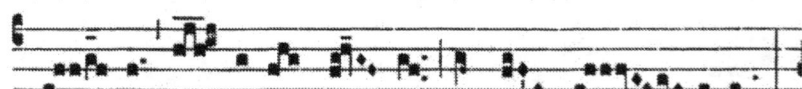

Comm.
I.

B E- á- ti * páu- pe-res spí- ri-tu, quó-ni- am ipsó-

rum est re- gnum cae-ló- rum. Be- á-ti mundo

corde, quó-ni- am i- psi De- um vi- dé- bunt.

T. P. Alle- lú- ia.

Die 26. Aprilis.

B. M. V. de Bono Consilio.

Intr.
I.

G Aude- á-mus * omnes in Dó- mi- no, di- em

festum ce- le- brántes sub honó- re be- átae Ma-rí-ae

Vírgi- nis, Bo-ni Consí-li- i Ma- tris : de cu-jus sol- emni-

tá- te gaudent An- ge- li, et colláu- dant

Fí- li- um De- i. *T. P.* Alle- lú- ia, alle-

lú- ia. *Ps.* E-ructávit cor me- um verbum bo- num: *

di- co ego ó-pe-ra me- a re- gi. Gló- ri- a Patri.

E u o u a e.

Allelúia, allelúia. ℣. Ave María. [77]. Allelúia. ℣. Per te Dei
Génitrix. 552.

Post Tempus Paschale, dicitur :

Grad.
5.
E - go * sa-pi- én-ti- a há- bi- to

in con-sí- li- o, et e-ru-dí- tis ínter- sum

co-gi- ta- ti- ó- ni- bus. ℣. Be- á- tus

homo qui au-dit me, et ví- gi-

lat ad fo- res me- as quo-tí-di-

e, et obsérvat ad postes ó- sti- i

* me- i.

I.

A L-le-lú- ia. * *ij.*

℣. Qui me invé- ne-rit, invé-

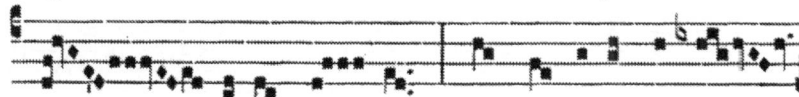

ni- et vi- tam, et háu-ri- et sa- lú-

tem * a Dó- mi-no.

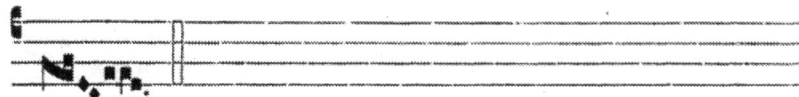

Post Septuagesimam, omissis Allelúia *et* ℣. *sequenti, dicitur :*

Tract. 8.

M E- um est * consí- li- um, et aéqui-tas,

Pro aliquibus locis.

me- a est prudén- ti- a,

me- a est for- ti-tú-

do. ℣. Ego di- li-gén- tes me dí- li-go :

et qui ma- ne ví-gi- lant ad

me, invé- ni- ent me.

℣. In vi- is justí- ti-ae ámbu- lo,

in mé-di- o semi-tá-rum ju-dí- ci- i. ℣. Ut

di- tem di- li-géntes me, et thesáuros e- ó-

rum * ré-ple- am.

Offert.
I.

R E- cordá- re, * Vir- go Ma-ter, in con-

spé-ctu De- i, ut loquá- ris pro no-bis bo- na, et ut

a-vér-tat indigna-ti- ó-nem su- am a

no- bis. *T.P.* Alle- lú- ia.

Communio. Regína mundi. 552.

FESTA MAII.

Die 15. Maii.

S. Isidori Agricolae Confessoris.

Missa. Justus ut palma. [45].

Eadem die 15. Maii.

S. Joannis Baptistae de la Salle Conf.

Intr.
I.

S I- ni- te * pár- vu- los ve- ní- re ad me, et

ne pro- hi- bu- é- ri- tis e- os: tá- li- um est

e- nim re- gnum De- i. *T. P.* Al- le- lú- ia, al-

le- lú- ia. *Ps.* Qui timé- tis Dóminum, laudá- te e- um : *

u- ni- vérsum semen Ja- cob, glo- ri- fi- cá- te e- um. Gló-

ri- a Patri.   E u   o u a   e.

Allelúia, allelúia. ℣. Beátus quem elegísti. 519. Allelúia.
℣. Dispérsit. 556.

Extra Tempus Paschale, Graduale Veníte, fílii. 336. Allelúia,
allelúia. ℣. Qui timent. 385.

Post Septuagesimam, omissis Allelúia *et Versu sequenti, dicitur
Tractus* Nolíte. 25**.

Offert.
3.

TI- me- at * e- um omne semen Is-

ra- el: quó- ni- am non spre- vit ne- que de-

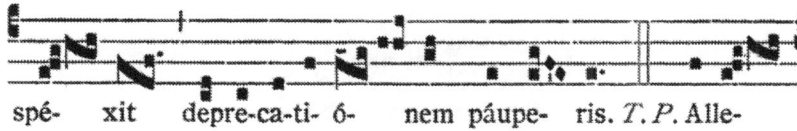

spé- xit depre-ca-ti- ó- nem páupe- ris. *T. P.* Alle-

lú- ia.

Comm.
7.

QUI fé-ce-rit * et docú- e-rít, hic ma-gnus vo- cá-bi-

tur in regno cae-ló- rum. *T. P.* Alle- lú- ia.

Die 16. Maii.

S. Joannis Nepomuceni Martyris.

Intr.
I.

DE-dit * mi- hi Dó- mi-nus linguam mercé- dem

me- am : et in i- psa laudá- bo e- um. *T. P.* Al-

le- lú- ia, alle- lú- ia. *Ps.* Di-xi : Custó-di- am

vi- as me- as, * ut non de-línquam in lingua me- a

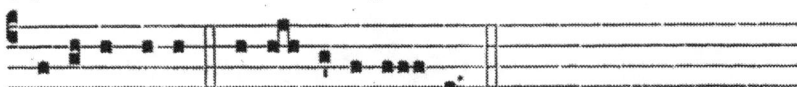

Gló-ri- a Patri.   E u   o u a   e.

1.

A L- le- lú- ia.   * *ij*.   ℣. Be- á- tus

qui lingua su- a non est la- psus, et   qui non

ser- ví-   vit * indígnis se.

7.

A L- le- lú- ia. *

℣. Lin- gua pravó- rum per-

í-   bit : lin-gua au-   tem

sa-pi- én- ti- um * est sá-

ni- tas.

Extra Tempus Paschale :

Grad. 2.

QUI ámbu-lat * fraudu-lén- ter, re-vé-

lat arcá- na : qui au- tem fi- dé-

lis est á- nimi, ce- lat.

℣. Dómi-ne, quis ha-bi- tá-

bit in tabérná- cu-lo tu-

o, aut quis requi- é- scet in mon-

te sancto tu- o? Qui non e-git

do-lum in lingua su- a, nec

fe-cit pró-ximo su- o * ma- lum.

Allelúia, allelúia. ℣. Beátus qui lingua sua, *ut supra*, 34**.

In Missis votivis post Septuagesimam, omissis Allelúia *et* ℣.
sequenti, dicitur :

Tract.
2.

S I quis pu-tat   * se re- li-gi- ó-   sum es-

se, non refraénans linguam su- am,   sed

se-dú-cens cor su-   um :   hu-jus va-   na est re-

lí-   gi- o. ℣. Si quis in ver- bo   non offén-

dit,   hic perfé- ctus est vir.

℣. Omnis e-nim   na-tú-   ra besti- á-   rum

domán-   tur,   et dómi- ta sunt   a

na-tú-ra humá-   na :   linguam autem nullus

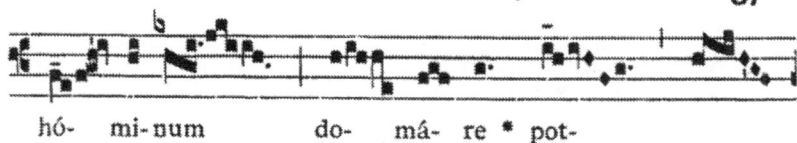

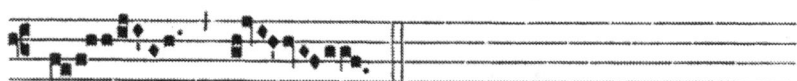

hó- mi-num do- má- re * pot-

est.

Offert.
7.

N ON dú- pli-ces * sermó- nem de re-ve-

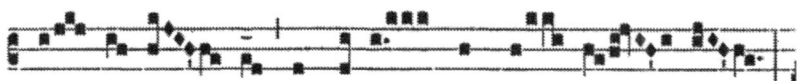

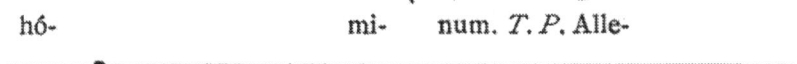

la- ti- ó- ne sermó-nis abscón- di- ti,

et e- ris ve-re si-ne confu-si- ó- ne : et

invé-ni- es grá- ti- am in conspé- ctu ómni- um

hó- mi- num. *T. P.* Alle-

lú- ia.

Comm.
1.

V O-lá-vit ad me * u-nus de Sé- raphim : et

in ma-nu e- jus cál- cu-lus, quem tú- le-rat de altá-

ri, et té- ti-git os me- um. *T. P.* Alle- lú- ia.

Die 22 Maii.

S. Ritae a Cassia, Viduae.

Intr.
3.

A - pe-rí-te * mi- hi por- tas justí- ti- ae,

ingrés- sus in e- as confi- té- bor Dó- mi-no :

lá-pi-dem, quem repro-bavé-runt aedi- fi-cán- tes, hic

fa- ctus est in ca- put án-gu- li. *T. P.* Alle-lú- ia,

alle- lú- ia. *Ps.* Confi- témi- ni Dómi-no quó-ni- am

bo-nus, * quó-ni- am in saécu-lum mi-se-ri-cór- di- a e-jus.

Gló-rí- a Patri.   E u   o u a e.

7.

A

L-le- lú-   ia. * *ij.*

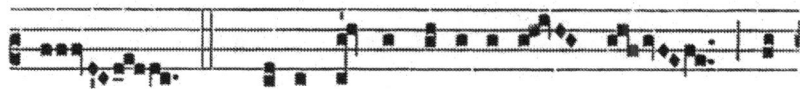

℣. Qua-si pálma exaltá-ta   sum   in

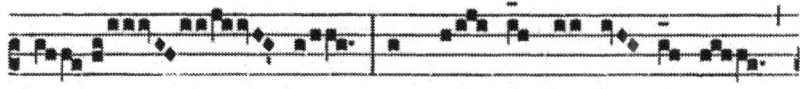

Ca-   des,   et qua- si plan-tá- ti- o

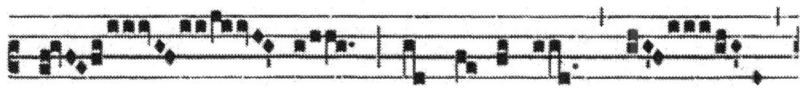

ro-   sae   * in Jé- richo.

2.

A

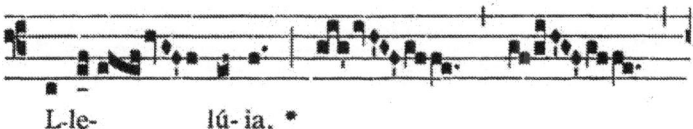

L-le-   lú- ia. *

℣. Sic- ut cinnamó-   mum   et bálsa- mum a-roma- tí-zans o-dó- rem de- di :

qua- si myrrha e- lécta de- di su- a-vi-tá-

tem * o- dó- ris.

Extra Tempus Paschale.

Grad.
I.

DO- mi-nus * mi- hi ad-

jú- tor, non ti-mé-

bo quid fá-ci- at mi- hi ho-

mo. ℣. Di-ru-písti

vín-cu-la me- a : ti-bi sacri- fi-

(chant notation)

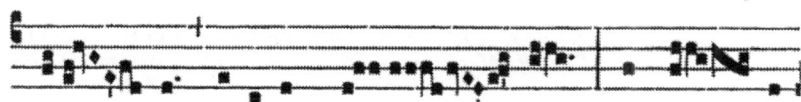

cá- bo hósti- am lau- dis, et no- men

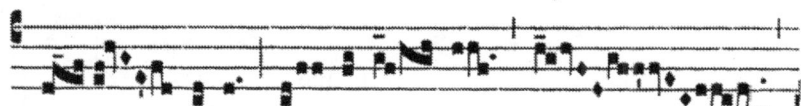

Dó- mi-ni * in- vo-cá- bo.

7.

A L-le- lú- ia. * *ij.*

℣. Vo- ta me- a Dó- mi-no

red- dam in con-spé- ctu o- mnis pópu- li

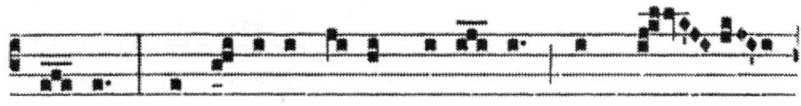

e- jus : in á-tri- is domus Dómi- ni, in mé-

di- o tu- i * Je- rú-sa- lem.

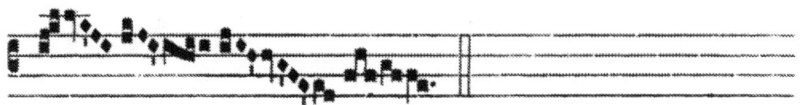

In Missis votivis post Septuagesimam, omissis Alleluia *et Versu sequenti, dicitur Tractus* Veni, Sponsa Christi. [52] *praetermittendo ultimam primi* ℣. *clausulam,* * pro cujus amóre… fudísti.

Offert.
5.

VI- dé- bam * co- ram me vi-

tem, in qua e- rant tres pro-

pá-gi- nes, cré- sce-re paulá- tim in gem- mas, et

post flo- res u- vas ma- tu- résce- re.

T. P. Alle- lú- ia.

Comm.
6.

PRaeve-ní- sti e- am, * Dó- mi-ne, in be-ne-di-

cti- ó- ni- bus dulcé- di-nis : po-su- í- sti in cá-

pi- te e- jus co- ró- nam de lá-pi- de pre-

ti- ó- so. *T. P.* Al-le- lú- ia.

Die 24. Maii.

B. M. V. sub titulo Auxilium Christianorum.

Missa. Salve sancta Parens. [75].

Die 30. Maii.

S. Ferdinandi Regis, Conf.

Missa. Justus. [45].

Eadem die 30. Maii.

S. Joannae de Arc Virginis.

Intr.
5.

C Anté- mus Dómi-no : *glo-ri- ó- se e- nim ma-

gni- fi-cá- tus est. Forti-tú-do me- a, et laus

me- a Dómi-nus, et fa-ctus est mi- hi in sa-lú-

tem. *T. P.* Alle- lú- ia, al-le- lú- ia. *Ps.* Cantá-

te Dómi-no cánti-cum novum : * qui- a mi-ra-bí-li- a fe-cit.

Gló-ri- a Patri.   E u o u a e.

A L-le- lú- ia.   * *ij.*   ℣. Fe-cí-

sti   vi- rí- li- ter,   et confortá-tum est   cor

tu- um. Ma-nus Dó- mi-ni confor- tá- vit te,   et

íd-e- o e-   ris be-ne-dícta * in

ae- tér- num.

A L- le-lú- ia.   *   ℣. Nunc

ergo o-ra   pro   no-bis,   quó-ni- am mú-li- er

sancta es, et ti- mens * De- um.

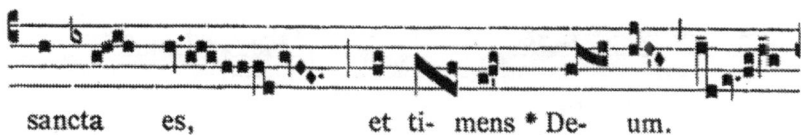

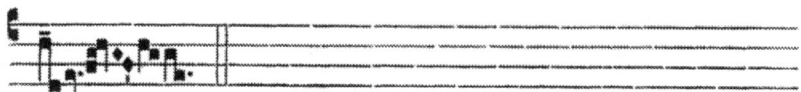

Extra Tempus Paschale :

Grad. 5.

NOva bel- la * e- lé- git Dó- mi- nus, et por-

tas hósti- um ipse subvértit.

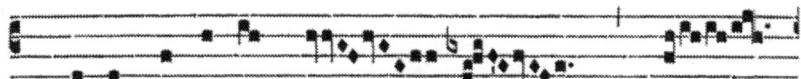

℣. U-bi col- lí- si sunt

cur- rus, et hósti- um suffo- cá-

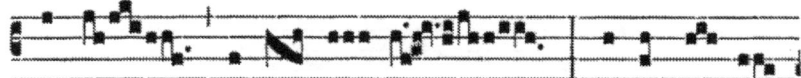

tus est ex- ér- ci- tus, i- bi nar- rén-

tur justí- ti- ae Dó- mi- ni,

et clemén- ti- a * in for- tes Is- ra- el.

3.

A L- le-lú-ia. * *ij.*

℣. Laudá-te Dómi-num De- um no-

strum, qui non de-sé- ru- it spe-rántes in se, et

in me, ancíl- la su- a, ad-implé-vit mi- se- ri- cór-

di- am su- am, quam promí- sit dómu- i * Isra-el.

Offert.
8.

B Ene- di-xé- runt * e- am o- mnes

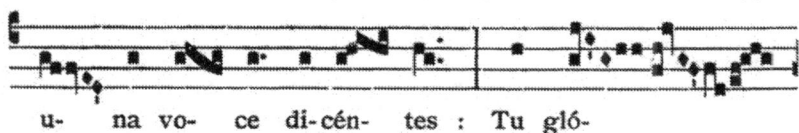

u- na vo- ce di-cén- tes : Tu gló-

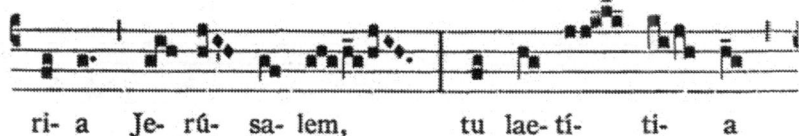

ri- a Je- rú- sa- lem, tu lae-tí- ti- a

Is- ra- el : tu ho-no- ri- fi-cén-

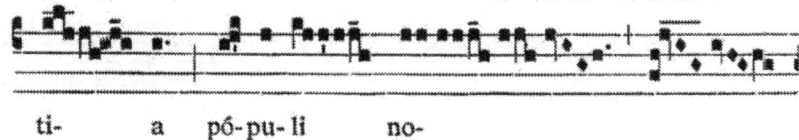

ti- a pó-pu- li no-

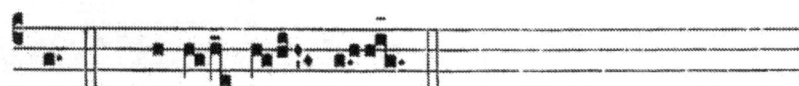

stri. *T. P.* Alle- lú- ia.

Comm.
4.
S
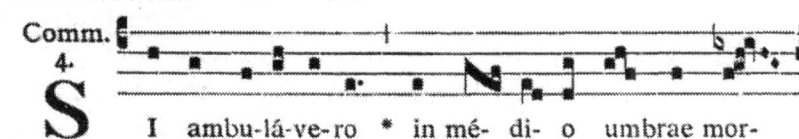

I ambu-lá-ve-ro * in mé- di- o umbrae mor-

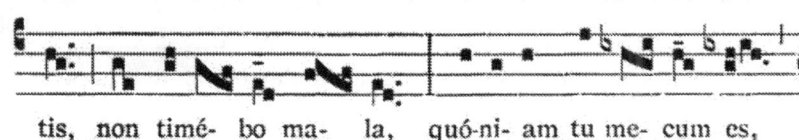

tis, non timé- bo ma- la, quó-ni- am tu me- cum es,

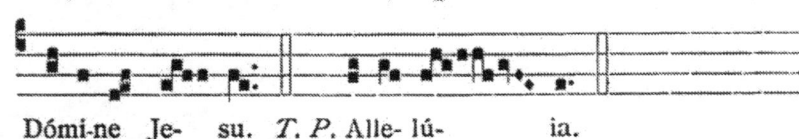

Dómi-ne Je- su. *T. P.* Alle- lú- ia.

Beatae Mariae Virginis
Omnium Gratiarum Mediatricis.

Intr. 5.

A D- e- á- mus * cum fi- dú- ci- a ad thro- num

grá- ti- ae, ut mi-se-ri-córdi- am consequá- mur, et

grá- ti- am inve-ni- á- mus in au- xí- li- o

op- por- tú- no. *T. P.* Alle- lú- ia, al-le-

lú- ia. *Ps.* Le-vá-vi ó-cu-los me- os in montes : * unde

vé-ni- et auxí- li- um mi-hi. Gló-ri- a Patri. E u o u a e.

Grad. 5.

I N me *grá- ti- a o- mnis vi- ae

et ve- ri- tá- tis, in me omnis spes

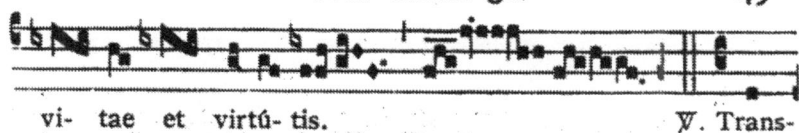

vi- tae et virtú- tis. ℣. Trans-

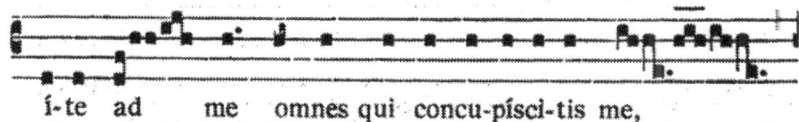

í-te ad me omnes qui concu-písci-tis me,

et a ge-ne-ra-ti- ó-

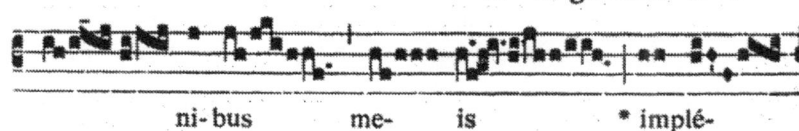

ni-bus me- is * implé-

mi- ni.

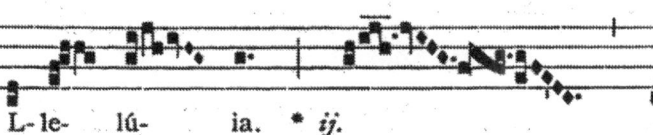

5.
A L-le- lú- ia. * ij.

℣. Salve Ma- ter mi- se- ri- cór-

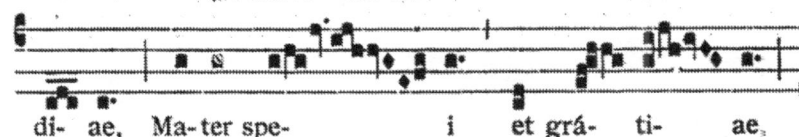

di- ae, Ma-ter spe- i et grá- ti- ae,

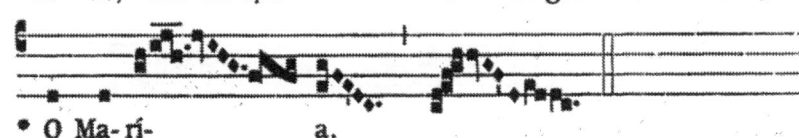

* O Ma- rí- a.

Post Septuagesimam, omissis Allelúia, *et* ℣. *sequenti, dicitur :*

Tract. 8.

E-go sum   *ra- dix   et ge-nus

Da- vid,   stel- la splén-di-da et ma-tu- tí-

na.   ℣. Et spí- ri- tus et sponsa di- cunt : Ve-

ni,   et qui au- dit, di- cat : Ve-ni.

℣. Et qui si-tit, vé- ni- at;

et qui vult, ac- cí-pi- at   a- quam vi- tae * gra-

tis.

Tempore Paschali :

1.

AL-le- lú- ia. * *ij.*

℣. Le- va in cir-cú- i-tu

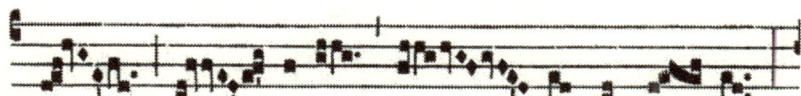

ó- cu-los tu- os, et vi- de :

omnes i-sti congre-gá- ti sunt,

* ve-né-runt ti- bi.

7.

A L-le- lú-ia. *

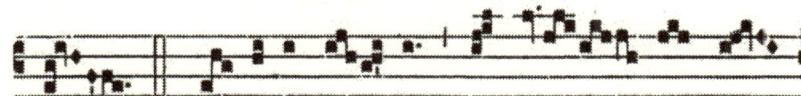

℣. Fí- li- i tu- i de lon- ge vé-

ni- ent, et fí-li- ae tu- ae de lá- te- re

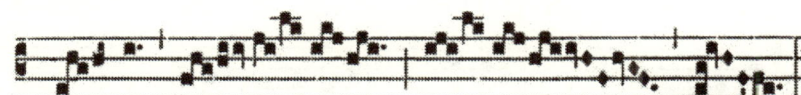

* sur- gent.

Offertorium. Recordáre. 600.

Comm. 8.

V Al- de mi- rá- bi- lis es, * o Ma- rí- a,

et fá- ci- es tu- a ple- na est gra- ti- á- rum.

T. P. Alle- lú- ia:

Feria V. post Festum Sacratissimi Cordis Jesu.

Eucharistici Cordis Jesu.

¶ *In Missis votivis extra Tempus Paschale omittuntur* Allelúia *ad Introitum, Offertorium et Communionem.*

Intr. 4.

S Ci- ens Je- sus * qui- a ve- nit ho- ra e-

jus ut tránse- at ex hoc mun- do ad

Pa- trem : cum di- le- xís- set su- os, qui e- rant in

mun- do, in fi- nem di- lé- xit e- os, al- le-

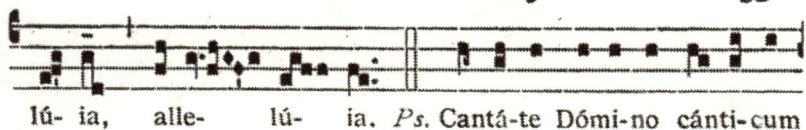

lú- ia, alle- lú- ia. *Ps.* Cantá-te Dómi-no cánti-cum

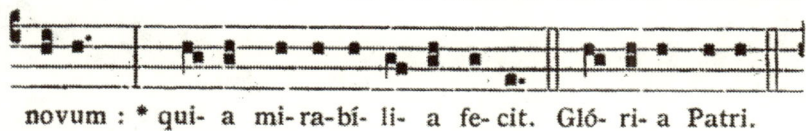

novum : * qui- a mi-ra-bí- li- a fe-cit. Gló- ri- a Patri.

E u o u a e.

Grad. 5.

E

Xsúl- ta * et lauda, ha-bi-tá-

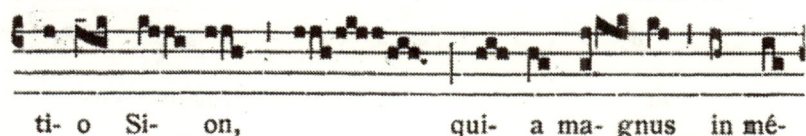

ti- o Si- on, qui- a ma-gnus in mé-

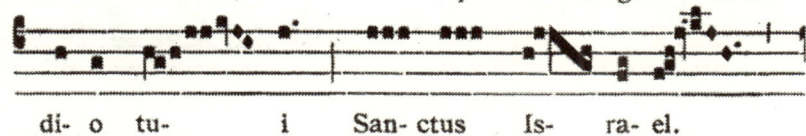

di- o tu- i San- ctus Is- ra- el.

℣. No-tam fá-ci-te in pó-

pu- lis ad-in-

venti- ó- nes * e- jus.

3.

AL- le- lú- ia. * *ij.*

℣. Quid bo-num

e- jus est, et quid pul-

chrum e- jus, ni- si frumén-tum

e- lectó-rum, et vi- num gérmi-nans * vír-

gi- nes.

Post Septuagesimam, omissis Allelúia, *et* ℣. *sequenti, dicitur :*

Tract.
8.

FI- li- i *hó- mi- num in tégmi-

ne a-lá-rum tu-á-rum, Dó- mi- ne, spe-

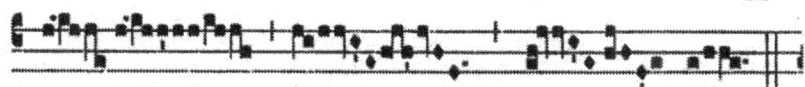

rá-   bunt.

℣. I-ne-bri- a- bún- tur   ab   ubertá-

te domus tu-   ae :   et tor-rénte

vo-luptá-   tis tu- ae   po-tá- bis e-

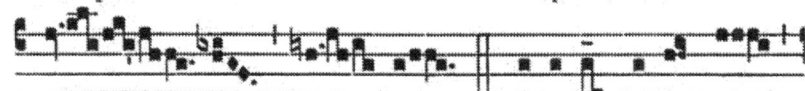

os. ℣. Quó-ni- am apud te

est   fons vi- tae :   et in lúmi-

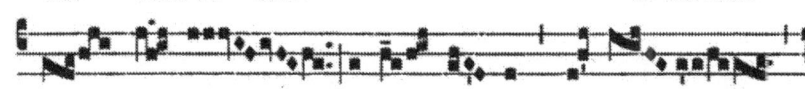

ne   tu- o   vi-dé- bi- mus * lu-men.

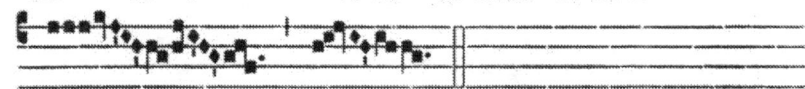

Tempore autem Paschali omittitur Graduale, et ejus loco dicitur :
Allelúia, allelúia. ℣. Quid bonum. 54**; *deinde :*

L- le-   lú-   ia *

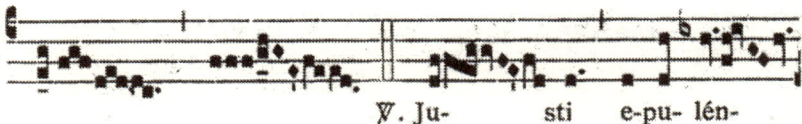

℣. Ju- sti e-pu- lén-

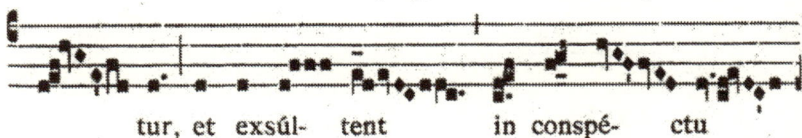

tur, et exsúl- tent in conspé- ctu

De- i. Pa-rá- sti in dulcé-di- ne tu-

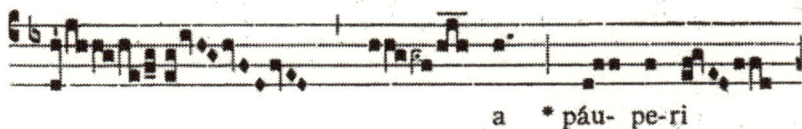

a * páu- pe-ri

De- us.

Offert.
I.

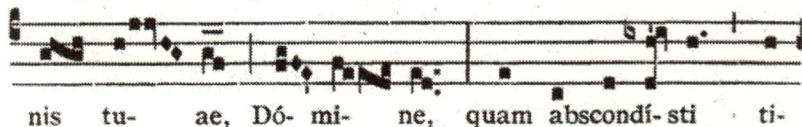

Uam ma- gna * multi- tú- do dulcé-di

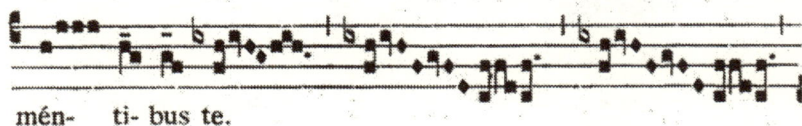

nis tu- ae, Dó- mi- ne, quam abscondí- sti ti-

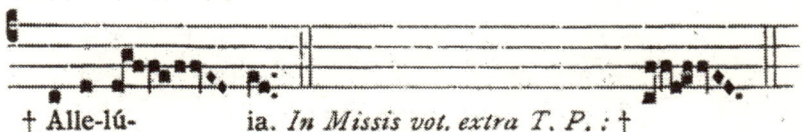

mén- ti- bus te.

† Alle-lú- ia. *In Missis vot. extra T. P. :* †

Comm.
3.

E Cce ego * vo-bís-cum sum ómni-bus di-é-bus, usque ad consumma-ti-ó- nem saé-cu-li, di-cit † Dómi-nus. Alle- lú- ia.

In Missis vot. extra T. P.: : † Dómi- nus.

FESTA JUNII.

Die 9. Junii.

B. Mariae Virg. Matris de Gratia.

Missa ut in Festis B. M. V., [75], *praeter Introitum.* Vultum tuum. [64].

Die 16. Junii.

S. Joannis Francisci Regis Confessoris.

Intr.
2.

S Pí-ri-tus Dómi- ni * super me : pro- pter quod unxit me : evange-li-zá- re paupé- ri-bus mi-sit me,   saná- re contrí-tos cor-   de, prae-di-cá-re

an-num Dómi- ni   accé- ptum,   et di-   em re- tri- bu-

ti-   ó- nis. *Ps.* Exsúrge, Dómi-ne De- us,   exalté- tur

manus tu- a : * ne   obli-viscá- ris páupe- rum.   Gló- rí- a

Patri.   E u o u a e.

Graduale. Justus ut palma. [42].

6.

AL- le- lú-   ia. * *ij.*   ℣. Dó- mi-

nus da- bit verbum   evange- li-   zán-   ti-

bus   virtú-te * mul-   ta.

Post Septuagesimam, omissis Allelúia *et* ℣. *sequenti, dicitur Tractus* Beátus vir. [8].

Tempore Paschali : Allelúia, allelúia. ℣. Dóminus dabit, *ut supra.* Allelúia. ℣. Justus germinábit. [40].

Offert.
6.

BEne-dí-cti- o * per-i-tú- ri su-per me ve-

ni- é- bat, et cor ví- du- ae conso- lá- tus sum :

ô-cu-lus fu- i cae- co, et pes clau- do : pa- ter

e- ram páu- pe- rum.

Comm.
4.

QUam pulchri * super mon-tes pe- des annunti- án-

tis et praedi- cántis pa- cem : annunti- ántis bo-

num, praedí- cántis sa-lú- tem!

Die 27. Junii.

B. Mariae Virginis de Perpetuo Succursu.

Introitus. Gaudeámus. 619.

Grad.
I.

TO- ta * formó-sa et su- á-vis es, fí- li- a

Si- on, pul- chra ut lu- na,

e- lé- cta ut sol, terrí-bi- lis ut ca-

stró- rum á- ci- es ordi- ná- ta.

℣. Be-ne-dí-xit te   Dóminus

in virtú- te su- a, qui- a per te

ad ní- hi-lum red-é-

git * in-imí-cos no- stros.

Allelúia, allelúia. ℣. Ave María. [77].

Post Septuagesimam, omissis Allelúia et ℣. sequenti, dicitur :

Tract.
8.

E - go * di- li-gén-tes me dí- li-go :

(music) et qui ma-ne ví- gi-lant ad me.

(music) ínvé- ni- ent me.　　　℣. Me- cum

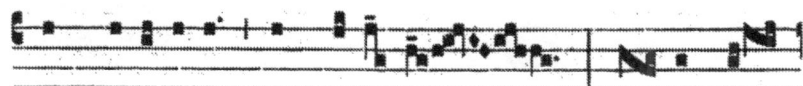

(music) sunt di-ví-ti-ae, et gló-ri- a,　　　o- pes su-

(music) pér-bae,　　　et ju-　　　stí- ti- a.

(music) ℣. Mé- li- or est e-nim fru-ctus me-　　　us

(music) au- ro, et lá- pi-de pre-ti- ó- so,

(music) et ge-ními-na　　　me- a　　　argén-　　　to

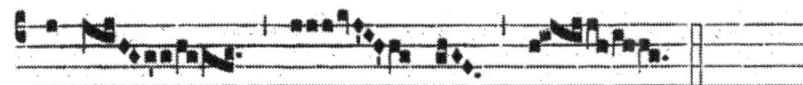

(music) * e- lé-　　　cto.

Tempore Paschali omittitur Graduale, et ejus lòco dicitur : **Alle-lúia, allelúia. ℣. Ave María. [77]. Allelúia. ℣. Beátus homo. 62.**

Offertorium. Recordáre Vírgo. 600.

Communio. Regína mundi. 552.

FESTA JULII.

Die 4. Julii.

In Commemoratione

Omnium SS. Summorum Pontificum.

Intr.
4.

COngre- gá-te il- li * san- ctos e- jus,

qui ordi-na-vé- runt testaméntum e- jus super

sa-cri-fi- ci- a. Et annunti- á- bunt cae- li

justí- ti- am e- jus: qui- a De- us tu- us

e- go sum. *Ps.* De- us de- ó-rum Dómi- nus lo-cú-tus est : *

et vo- cá-vit terram. Gló- ri- a Patri. E u o u a e.

Graduale. Sacerdótes ejus. [36].

Allelúia, allelúia. ℣. Jurávit. [37].

Post Septuagesimam, omissis Allelúia, *et* ℣. *sequenti, dicitur Tractus* Beátus vir. [8].

Tempore autem Paschali omittitur Graduale, et ejus loco dicitur : Allelúia, allelúia. ℣. Jurávit Dóminus. [37]; *deinde :* Allelúia. ℣. Amávit eum. [39].

Offertorium. Invéni David. [34].

Comm. 6.

V E- ri- tas me- a, * et mi-se- ri-córdi- a

me- a cum i- pso : et in nómi- ne me- o

exal- tá- bi- tur cor- nu e- jus.

Die 9. Julii.

S. Veronicae de Julianis.

Missa. Dilexísti. [60].

Eadem die 9. Julii.

SS. Joannis Fischer Ep. et Thomae Morus,
Martyrum.

Introitus. Multae tribulatiónes. 515.

Grad. 3.

A C- cé- di- te * ad e- um,

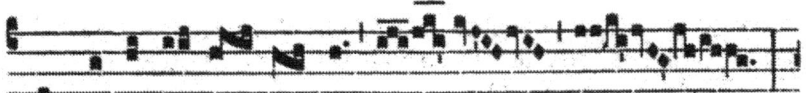

et il-lumi- ná- mi- ni,

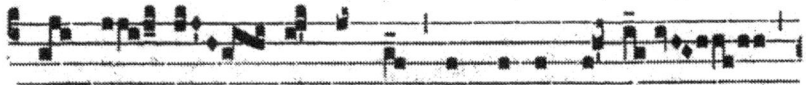

et fá- ci- es vestrae non confundén-tur.

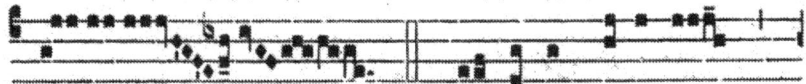

℣. O- cu- li Dómi- ni

super ju- stos

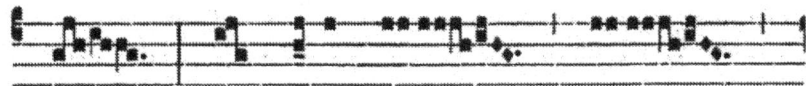

et aures e-

jus in pré-

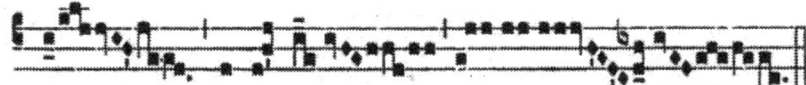

ces   * e- ó- rum.

I.

A
L- le- lú- ia. * ij.

℣. Haec est vi- ta

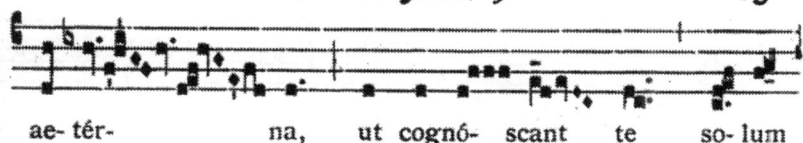

ae- tér- na, ut cognó- scant te so- lum

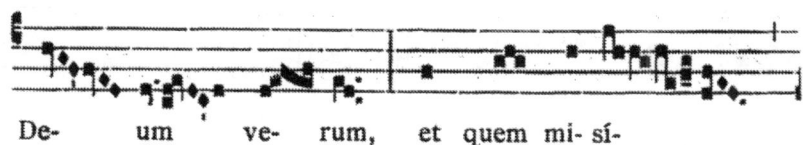

De- um ve- rum, et quem mi- sí-

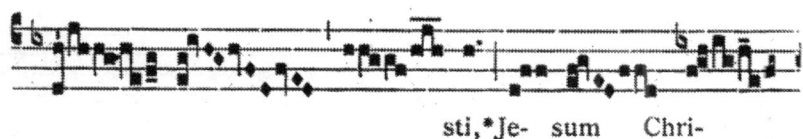

sti, *Je- sum Chri-

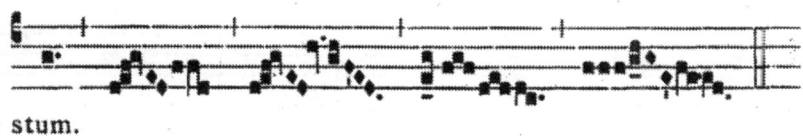

stum.

Post Septuagesimam, omissis Allelúia, *et Versu sequenti, dicitur Tractus* Qui séminant. [24].

Tempore autem Paschali, omittitur Graduale, et ejus loco dicitur : Allelúia, allelúia. ℣. Haec est vita. *ut supra; deinde :*

8.

A L- le- lú- ia. *

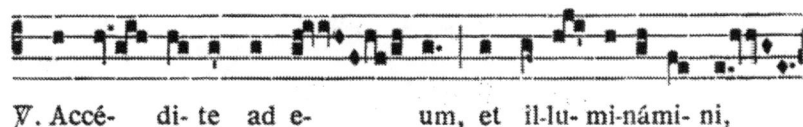

℣. Accé- di- te ad e- um, et il-lu- mi-námi- ni,

et fá- ci- es vestrae * non confundén- tur.

Offertorium. Mirábilis Deus. [24].

Comm.
I.

O -ves me- ae * vo-cem me- am áudi- unt, et e- go

cognósco e- as, et sequúntur me : et e-go vi- tam

ae-térnam do e- is, et non per- í- bunt in ae-

tér- num. *T. P.* Alle- lú- ia.

Die 17. Julii.

Humilitatis B. M. V.

Missa. Salve sancta Parens. [75].

Die 19. Julii.

S. Vincentii a Paulo Confessoris.

Intr. 6.

Pauperes Si- on * sa-tu-rá-bo pá- ni- bus : sa- cer-

dó- tes e- jus índu- am sa-lu-tá- ri, et sancti

e- jus exsulta-ti-ó- ne ex-sul-tá-bunt. *T.P.* Alle-

lú- ia, alle- lú- ia. *Ps.* Meménto, Dómi-ne, Da-vid : *

et omnis mansu- e-tú-di- nis e- jus. Gló- ri- a Patri.

E u o u a e.

Grad. 5.

E-vange- li-zá- re * paupé- ri- bus

mi- sit me, sa-ná- re contrí- tos cor-

de.   ℣. Pa-rá-

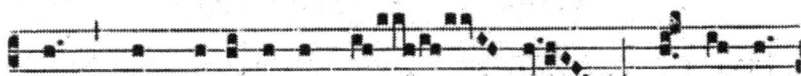

sti   in dulcé-di-ne tu-   a   páu-pe- ri,

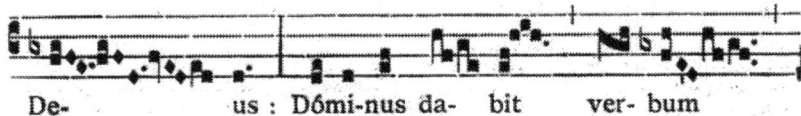

De-   us : Dómi-nus da- bit   ver-bum

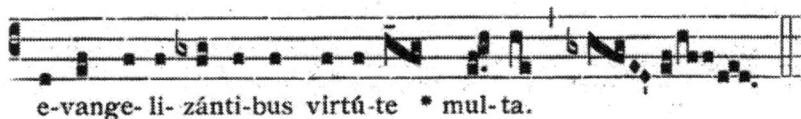

e-vange- li- zánti-bus virtú-te * mul-ta.

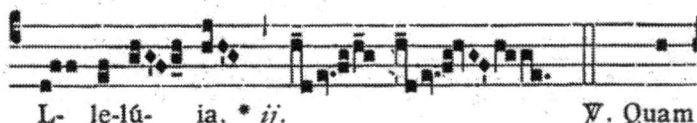

4.   A L- le-lú- ia. * *ij.*   ℣. Quam

pulchri   su-per montes   pe-des annunti- án-

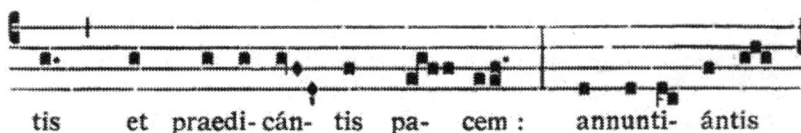

tis   et praedi-cán- tis pa- cem :   annunti- ántis

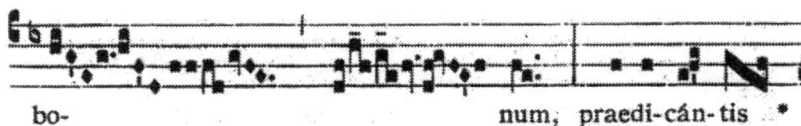

bo-   num, praedi-cán-tis *

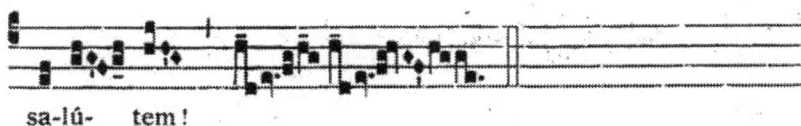

sa-lú- tem !

Post Septuagesimam, omissis Allelúia *et* ℣. *sequenti, dicitur :*

Tract. 8.

M Anum su- am * a-pé- ru- it ín- o-pi,

et palmas su- as exténdit ad páu- pe-

rem. ℣. Be- á- tus qui intél-li-git super e-gé-

num, et páu- pe- rem, in di- e

ma- la li-be-rá- bit e- um Dó-

mi-nus. ℣. Ju-cúndus ho- mo, qui mi-se-ré-

tur, et cómmo- dat : dispó-net sermónes su-

os in ju-dí-ci- o : qui-a in ae-tér- num *

non commo-vé- bi-tur.

In Festo Translationis et Tempore Paschali omittitur Graduale, et ejus loco dicitur : Allelúia, allelúia. ℣. Quam pulchri, *ut supra* 68**; *deinde :*

5.

A L-le- lú-   ia. *

℣. Ex-í- te   de mé-di- o Baby-

ló- nis : mundá-   mi-ni, qui fér- tis va-   sa *

Dó-   mi- ni.

Offert.

I.

I Nclí-   net * Dó- mi-nus De- us no-

ster   corda no-   stra ad   se, ut

ambu- lé-   mus in u-ni-vér- sis vi-

is e- jus, et custo- di- á-   mus mandá-ta

e- jus, et caeremó- ni- as e- jus, et ju- dí-

ci- a, quaecúm-que mandá-vit pá-

tri-bus no-stris. *T. P.* Alle-

lú- ia.

Comm.
8.

Confi-te- ántur Dómi- no *mi-se-ri-córdi-ae e- jus,

et mi-ra-bí-li- a e-jus fí-li- is hómi-num : qui- a sati- á-

vit á-nimam in-á- nem, et á-nimam e-su-ri- éntem

sa-ti- á- vit bo- nís. *T. P.* Alle- lú- ia.

Sabbato ante Dominicam IV. Julii.

Beatae Mariae Virginis Matris misericordiae.

Missa. Salve sancta Parens. [75].

FESTA AUGUSTI.

Die 9. Augusti.

S. Joannis Mariae Vianney.

Intr.
5.

MI- hi absit * glo- ri- á- ri, ni-si in cru- ce

Dómi-ni nostri Je- su Chri- sti : per quem mi- hi

mundus cru- ci- fí- xus est, et e-go mun- do.

T. P. Alle- lú- ia, al-le- lú- ia. *Ps.* In te Dómi-ne

spe-rávi, non confúndar in aetérnum : * in justí- ti- a tu- a

lí-be-ra me. Gló-ri- a Patri. E u o u a e.

Grad.
5.

E- ructá- vit * cor me- um

ver- bum bo- num : di- co

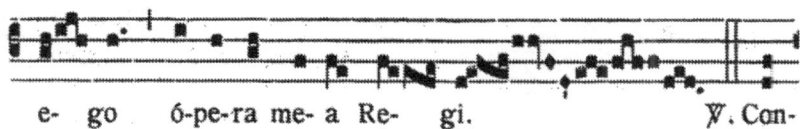

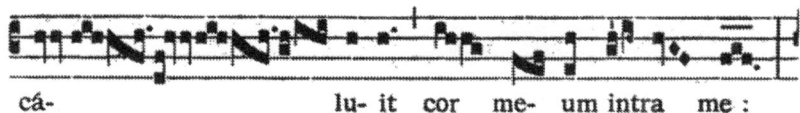

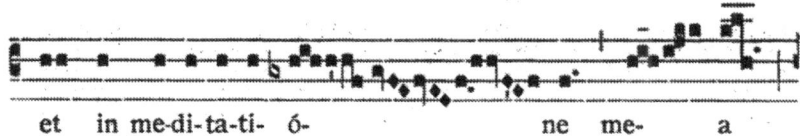

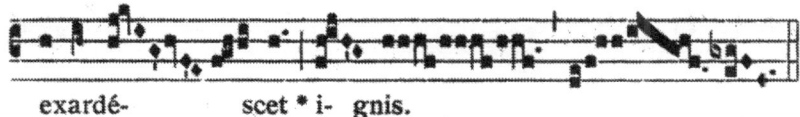

e- go   ó-pe-ra me-a Re- gi.   ℣. Con-

cá-   lu- it cor me- um intra me :

et in me-di-ta-ti- ó-   ne me-   a

exardé-   scet * i- gnis.

8.

A Lle-   lú- ia.   * ij.

℣. Surré-   xit qua- si   i- gnis : et

ver- bum ipsí-   us qua- si fá-   cu- la * ar-

dé- bat.

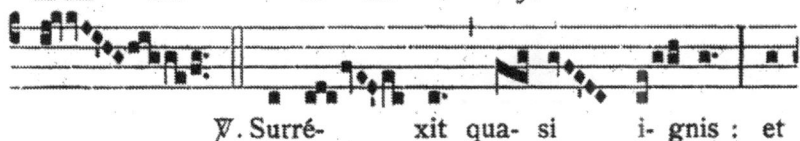

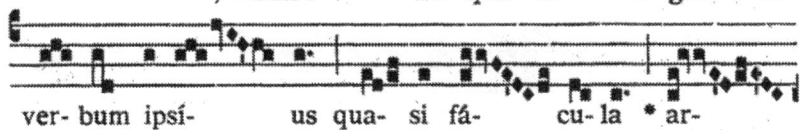

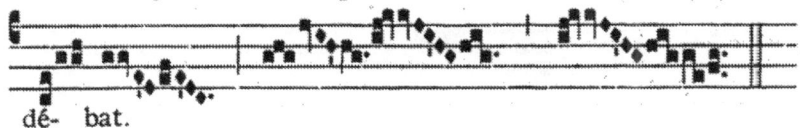

Post Septuagesimam, omissis Allelúia *et* ℣. *sequenti, dicitur :*

Tract.
8.

E -go   * pa- scam   oves me- as.   ℣. Quod per-í- e- rat

requí- ram, et quod abjé- ctum e- rat redú-

cam.   ℣. Quod confráctum fú-e-rat

al-li-gá- bo, et quod infirmum fú-e-rat

conso-li- dá- bo.   ℣. Et quod pingue

et for- te custó- di- am.

℣.Et pa- scam il- las *in ju- dí- ci- o.

Tempore Paschali omittitur Graduale, et ejus loco dicitur :

3.

A L-le- lú-ia. * *ij.*

℣. Evange- li- zá- re paupé- ri- bus mi-

sit me : saná-

re * con- trí- tos corde.

7.

A L-le- lú- ia.*

℣. Omni- bus ómni- a fa- ctus sum, ut

o- mnes * fá-ce-rem salvos.

Offert.
8.

G Au- de- o * in passi- ó-ni-bus, et ad- ím-

Pro aliquibus locis.

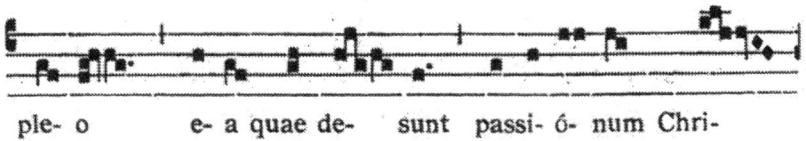

ple- o   e- a quae de-   sunt passi- ó- num Chri-

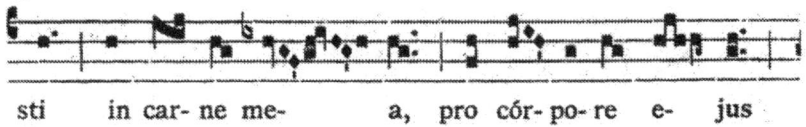

sti   in car- ne me-   a, pro cór- po- re e- jus

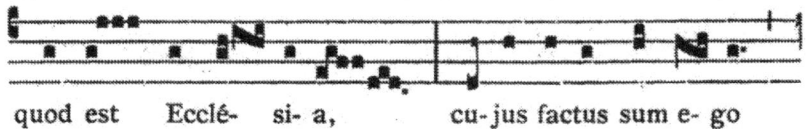

quod est Ecclé- si- a,   cu- jus factus sum e- go

mi-   ní- ster. *T. P.* Alle-   lú- ia.

Comm.
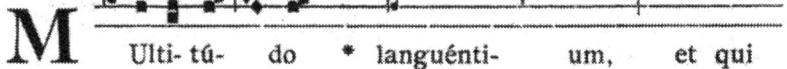

2.

MUlti- tú- do * languénti- um, et qui

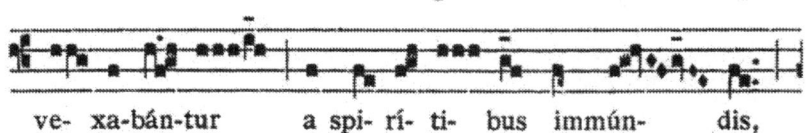

ve- xa-bán-tur a spi- rí- ti- bus immún- dis,

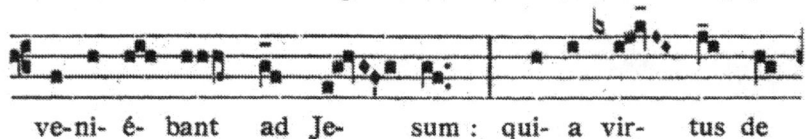

ve-ni- é- bant ad Je-   sum : qui a vir- tus de

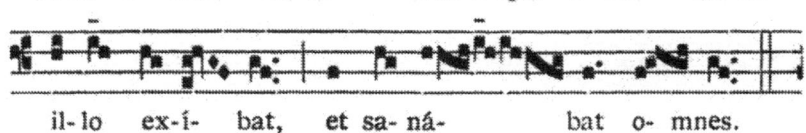

il- lo ex-í- bat, et sa- ná-   bat o- mnes.

T. P. Alle- lú-   ia.

Die 11. Augusti.

S. Philumenae Virg. et Mart.

Missa. Loquébar. [51].

Die 13. Augusti.

B. M. V. titulo Refugium Peccatorum.

Missa. Salve sancta Parens. [75].

Eadem die 13. Augusti.

S. Joannis Berchmans Confessoris.

Intr. 8.

C Usto-dí- vit * á- nima me- a te- stimó- ni- a

tu- a, et di-lé- xit e- a ve- he- mén-

ter. *Ps.* Be- á- ti imma-cu-lá- ti in vi- a, * qui ámbu-lant

in le-ge Dómi-ni. Gló- ri- a Patri. E u o u a e.

Grad. I.

C Onsummá- tus * in bre- ví, explé-

vit tém-po-ra mul- ta. ℣. Plá-ci-ta e- nim e- rat De- o.

á- nima il- lí- us : propter

hoc prope-rá-vit edú-ce-re il-

lum de mé- di- o *

in-iqui- tá- tum.

6.

A L-le- lú- ia. * *ij.*

℣. Condémnat autem justus mórtu- us

vi-vos ímpi- os, et ju-véntus ce-lé-ri- us

consummá- ta longam vi- tam * in- jú- sti.

Post Septuagesimam, omissis Allelúia *et* ℣. *sequenti, dicitur :*

Tract.
8.

DE- us, *do- cu- í- sti me

a ju-ven- tú- te me- a :

et us-que nunc pronunti- á- bo mi- ra- bí- li- a tu-

a. ℣. Quam dúl- ci- a

fáu-ci- bus me- is

e- ló- qui- a tu- a, su- per mel o- ri

me- o. ℣. Ab o-mni vi- a

ma- la pro-hí-bu- i pe-des me- os :

ut custó- di- am ver- ba * tu- a.

Tempore Paschali omittitur Graduale, et ejus loco dicitur :

8.

A

Lle-lú- ia. * *ij.*   ℣. Ju-rá-

vi, et stá- tu- i custo- dí- re ju-dí- ci-

a   justí- ti- ae * tu-ae.

3.

A

Lle- lú- ia. *

℣. Qui timent te, vi-débunt me,

et lae- ta- bún- tur : qui- a in verba tu-

a * su- perspe- rá- vi.

Offert.
8.

O Dómine, *quia ego servus tuus: e- go ser- vus tu- us, et fí- li- us an-cíl- lae tu- ae : di- ru- pí- sti vín- cu- la me- a : ti- bi sacri- fi-cá-bo hósti- am lau- dis.

Comm.
8.

E -go * di-lé- cto me- o, et di-léctus me- us mi-hi, qui pá- sci- tur in- ter lí- li- a. Invé- ni quem dí- li-git á-ni-ma me- a : té-nu- i e- um, nec di- mít- tam.

Die 16. Augusti.

S. Rochi Confessoris.

Missa. Justus ut palma. [45].

Die 18. Augusti.

S. Helenae Imperatricis, Viduae.

Intr.
2.

M I-hi autem * ab- sit glo-ri- á- ri, ni- si in

cru- ce Dómi- ni no-stri Je-su Chri- sti, per quem

mi-hi mundus cru-ci-fíxus est, et e- go mun- do.

Ps. Virga tu- a et bá-cu-lus tu- us : * i-psa me conso- lá-

ta sunt. Gló-ri- a Patri. E u o u a e.

Grad.
5.

V Ultum tu- um * depre-ca-bún- tur

o-mnes dí- vi- tes ple- bis : fí- li- ae regum   in ho-nó-   re   tu- o.

℣. Addu-céntur re-   gi vír- gi-

nes   post e-   am: pró- ximae e-jus af-fe- réntur ti-

bi,   af-fe-réntur in lae-tí- ti- a   et exsulta-ti- ó-

ne,   addu-céntur in templum*re- gis.

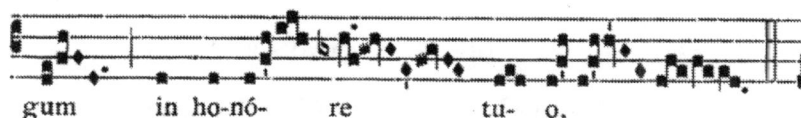

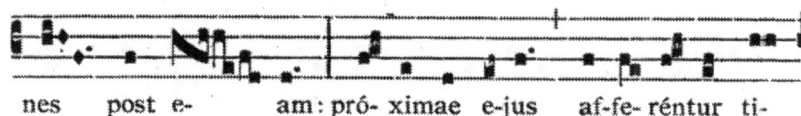

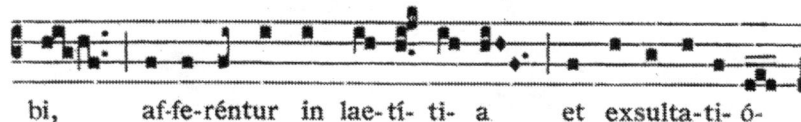

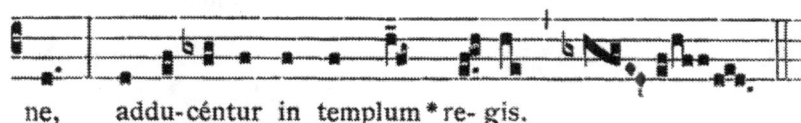

Allelúia, allelúia. ℣. Dispérsit. 556.

Post Septuagesimam, omissis Allelúia *et* ℣. *sequenti, dicitur Tractus* Veni sponsa Christi. [52], *praetermittendo ultimam primi* ℣. *clausulam,* * pro cujus amóre... fudísti.

Tempore autem Paschali omittitur Graduale, et ejus loco dicitur : Allelúia, allelúia. ℣. Dispérsit. 556; *deinde :* Allelúia. ℣. Spécie tua. [70].

Offertorium. Non enim judicávi. 477, *sine* Allelúia.

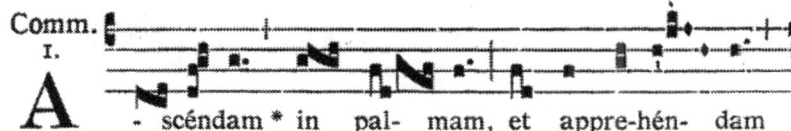

Comm.
I.

A - scéndam * in pal- mam, et appre-hén- dam

fru- ctus e- jus.

Die 19. Augusti.

S. Joannis Eudes, Confessoris.

Intr.
2.

DÓ-mi-nus * implé- bit splendó- ri- bus á-nimam

tu- am, et os-sa tu- a li-be-rá-bit, et e- ris qua-

si hor- tus ir-rí- gu- us, et sic-ut fons aquá- rum, cu-jus

non de- fí-ci- ent a- quae. *Ps.* Quam bo-nus Is-ra- el

De- us, * his qui recto sunt corde. Gló- ri- a Patri.

E u o u a e.

Grad.
5.

ROgá- te * Dó- mi- num messis, ut

mit- tat ope-rá- ri- os in mes- sem su- am.

℣. Sa-cerdó-tes e-jus ín-

du- am sa-lu-tá- ri et sancti

e- jus exsulta-ti- óne * ex- sultá- bunt.

I.

AL-le- lú- ia. * *ij.*

℣. Vi- vo jam non e-

go, vi-vit ve-ro in me * Chri- stus.

Offertorium. Eripe me. 186.

Comm.
8.

MAné- te in me * et e- go in vo- bis.

Qui ma-net in me   et ego in e- o, hic fert fru-ctum

mul- tum, di- cit Dómi- nus.

Die 30. Augusti.

Sanctae Rosae Limanae, Virginis,
Patronae principalis totius Americae Latinae.

Introitus. Gaudeámus. 619, *in quo dicendum est :*

... sub honó- re   Rósae Vírgi- nis : de cujus solemnitáte...

In Missis votivis Introitus Dilexísti. [60].

Graduale. Adjuvábit eam. [56].

8.

AL- le- lú-ia.   * *ij.*   ℣. Qua-si

arcus re-fúl- gens inter ne-bú- las gló-ri- ae :

et qua-si flos ro-sá- rum * in di- é-

bus vernis.

Offert.

O B-audí- te me, * di-ví-ni fru-ctus,

et qua- si ro- sa plan-tá- ta

super ri- vos aquá- rum fru-cti-fi-cá-

te : qua- si Lí- ba- nus o- dó-

rem su-a-vi- tá- tis habé-

te.

Comm.

F Lo- ré- te fló- res * qua-si lí-li- um, et col-

laudá- te cán- ti- cum, et be-ne- dí- ci- te Dó- mi-

num in o-pé- ri- bus su- is.

FESTA SEPTEMBRIS.

Die 3. Septembris.

Beatae Mariae Virginis,
Divini Pastoris Matris.

Missa. Salve. [75].

Die 4. Septembris.

S. Rosae Viterbiensis Virginis.

Missa. Dilexísti. [60].

Die 9. Septembris.

S. Petri Claver Confessoris. '

Intr. 8.

SA-ti-á-vit * Dó-mi-nus á-nimam in-á-nem: se-dén-tes in té-nebris et umbra mor- tis, vinctos in men-di-ci-tá- te et fer-ro. *Ps.* Confi-te-ántur Dó-mi-no mi-se-ri-cór-di-ae e-jus : * et mi-ra-bí-li-a e-jus fí-li-is hó-mi-num. Gló-ri-a Patri. E u o u a e.

Grad.
2.

L I-be-rá- bit * páu- pe- rem a pot én-

te, et páupe-rem cu- i non e- rat ad-

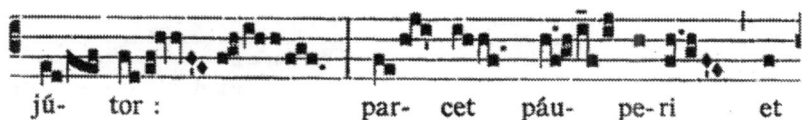

jú- tor : par- cet páu- pe-ri et

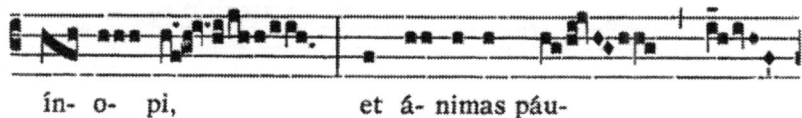

ín- o- pi, et á- nimas páu

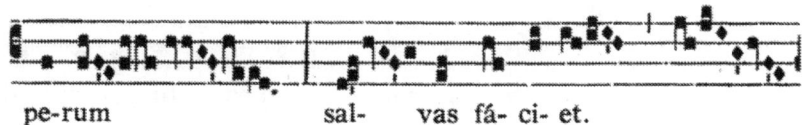

pe-rum sal- vas fá- ci- et.

℣. Ex u-sú- ris et in-iqui-tá-

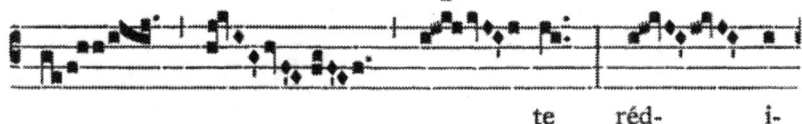

te réd- i-

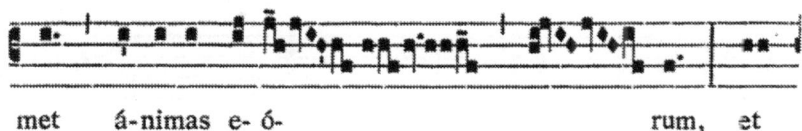

met á-nimas e- ó- rum, et

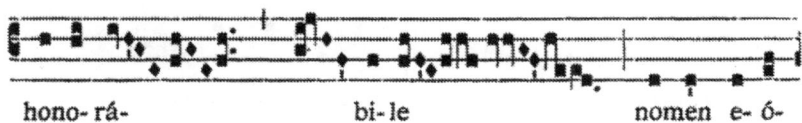

hono- rá- bi-le nomen e- ó-

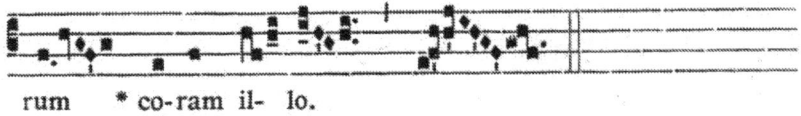

rum * co-ram il- lo.

7.

A L-le- lú- ia. * *ij.*

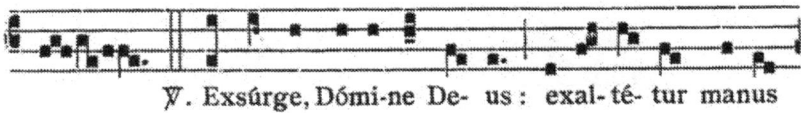

℣. Exsúrge, Dómi-ne De- us : exal-té- tur manus

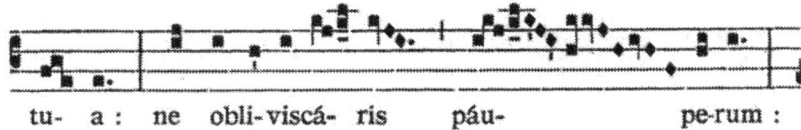

tu- a : ne obli-viscá- ris páu- pe-rum :

ti-bi de-re- lí- ctus est pauper : órphano tu e- ris * ad-

jú- tor.

Post Septuagesimam, omissis Allelúia, *et* ℣. *sequenti, dicitur :*

Tract.
2.

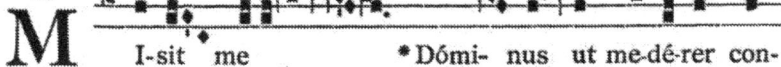

M I-sit me *Dómi- nus ut me-dé-rer con-

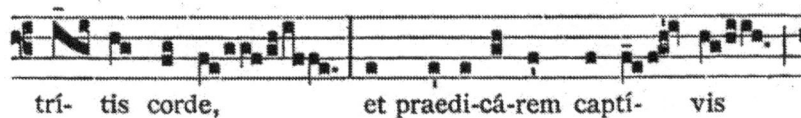

trí- tis corde, et praedi-cá-rem captí- vis

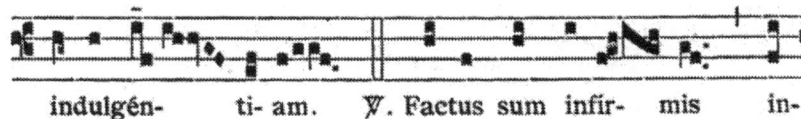

indulgén- ti- am. ℣. Factus sum infir- mis infír-   mus,   ut infír- mos   lu-

cri- fá-   ce-rem. ℣. Omnibus   ómni-

a   factus   sum,   ut o- mnes   fâ-

ce- rem * sal-   vos.

Tempore autem Paschali omittitur Graduale, et ejus loco dicitur :

7.

A L-le- lú-ia. * *ij.*

℣. A- nima no- stra sic-ut passer   e-ré- pta est   de

láque- o   ve-nán-   ti- um : lá-que- us contrí-

tus est, et nos   li-be- rá-ti * sumus.

Pro aliquibus locis.

2.

A L-le-lú- ia. * ℣. Pro-

pe   timéntes e-   um sa-lu-tá-

re ipsí- us : ut inhá- bi- tet   gló-

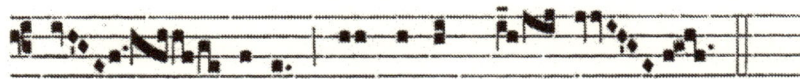

ri- a   in terra * no- stra.

Offert.
4.

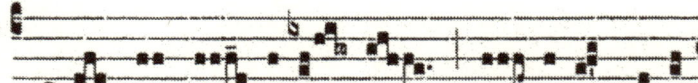

E - o quod li- be-rás- sem * páu- pe-rem vo-ci-

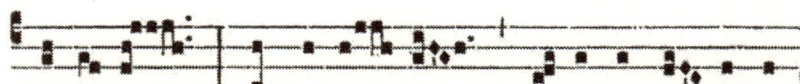

fe- rántem,   et pu-píl- lum,   cu- i non es- set ad-

jú- tor, be-ne-dí- cti- o per- i-tú- ri su-per me   ve-

ni- é- bat, et cor ví-du- ae   conso- lá- tus

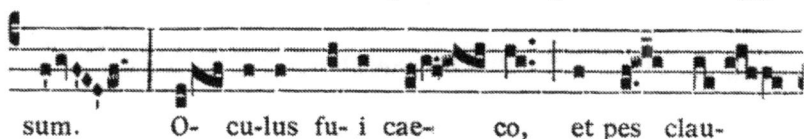

sum. O- cu-lus fu- i cae- co, et pes clau-

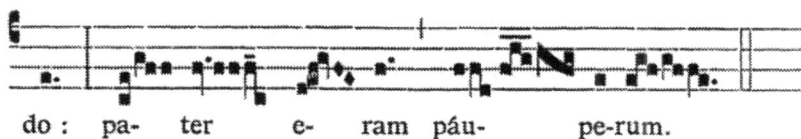

do : pa- ter e- ram páu- pe-rum.

Comm.

I.

E -go pa- scam * oves me- as, et e-go e- as

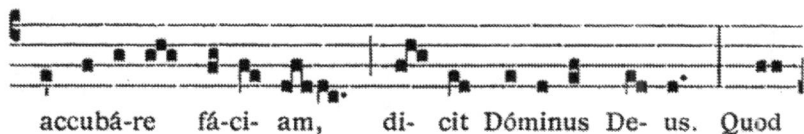

accubá-re fá-ci- am, di- cit Dóminus De- us. Quod

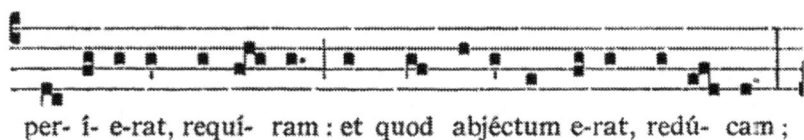

per- í- e-rat, requí- ram : et quod abjéctum e-rat, redú- cam ;

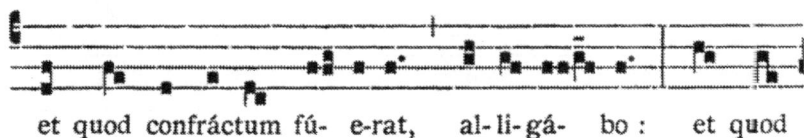

et quod confráctum fú- e-rat, al-li-gá- bo : et quod

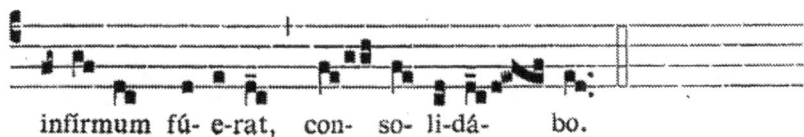

infírmum fú- e-rat, con- so- li-dá- bo.

Die 25. Septembris.

S. Nicolai de Flüe

Eremitae et Confessoris,

Primi Helvetiae Patroni.

Intr.
I.

ECce, * e-longá- vi fú- gi- ens et man- si

in so-li- tú-di- ne : quó-ni- am vi- di in-i- qui-

tá- tem et contra-dic- ti- ó- nem in ci- vi- tá-

te. Ps. Exáudi, De- us, o-ra-ti- ó-nem me- am, et ne despé-

xe-ris depre-ca-tí- ó-nem me- am : * inténde mí-hi, et exáu-

di me. Gló-ri- a Patri. E u o u a e.

Grad.
7.

FI- at pax * in virtú- te tu- a,

et abundán- ti- a in túrri- bus tu- is.

℣. Propter fratres me- os

et pró- xi-mos me- os loqué- bar pa-

cem * de te.

8.

A L- le- lú- ia. * ij. ℣. Jacta

co- gi-tá- tum tu- um in Dó- mi- no, et

i- pse te * e-nútri- et.

Post Septuagesimam, omissis Allelúia *et Versu sequenti, dicitur :*

Tract.
8.

G Ustá- te * et vi-dé- te :

quó-ni- am su- á-vis est Dómi-

nus. ℣. Be- á-tus vir qui spe-rat in e- o :

quó-ni- am ni- hil de- est timénti-bus e- um.

℣. Dí- vi-tes e-gu-é-runt et e-su-ri- é- runt:

inqui-réntes au-tem Dómi- num non de-fí- ci- ent

* o-mni bo-no.

Tempore Paschali omittitur Graduale, et ejus loco dicitur : Allelúia, allelúia. ℣. Jacta cogitátum, *ut supra ; deinde :*

4.

AL-le- lú- ia. * ℣. Si quis man-

du- cá- ve-rit ex hoc pa- ne, vi- vet

* in ae- tér- num.

Offert.
4.

DOmi-ne, * forti-tú-do me-

a et re-fú- gi- um me- um es tu :

et propter nomen tu- um de- dú- ces me

et e- nú-tri- es me.

Comm.
8.

C Hri- sto * confí- xus sum cru- ci. Vi- vo au-

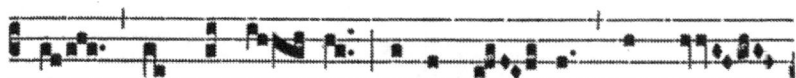

tem jam non e- go, vi- vit ve- ro in me

Chri- stus.

Die 26. Septembris.

SS. Isaaci Jogues, Joannis de Brébeuf

et Sociorum, Martyrum S. J.

Intr.
I.

H I sunt * qui ve-né- runt de tri-bu-la-ti- ó- ne

ma- gna,   et lavé-runt sto-las su-   as,   et de- alba-vé-

runt e- as   in   sángui- ne   A- gni. *Ps.* Lau-

dá-te Dómi-num, omnes gentes; * laudá-te e- um, omnes pó-

pu- li. Gló-ri- a Patri.   E u   o u a   e.

Grad.
5.
A - nima no- stra,   * sic-ut.pas-   ser,

e- répta est   de láque- o ve-   nán- ti- um,

℣. Láque- us

contrí- tus est,   et nos li-be-rá-

ti   su- mus :   ad-ju-tó-ri- um no-

strum in nómi-ne Dó- mi- ni, qui fe-cit

cae- lum * et ter- ram.

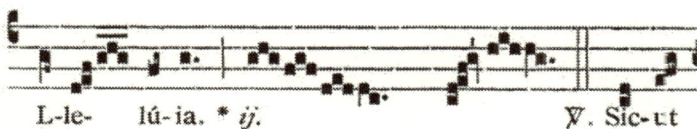

8.

A L-le- lú-ia. * *ij.* ℣. Sic-ut

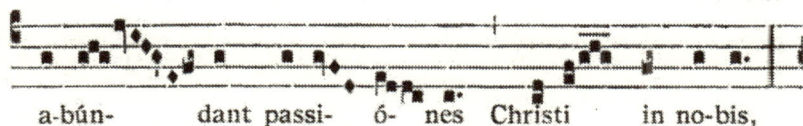

a-bún- dant passi- ó- nes Christi in no-bis,

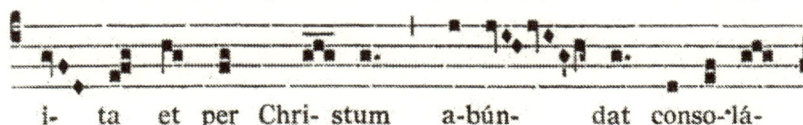

i- ta et per Chri- stum a-bún- dat conso-'lá-

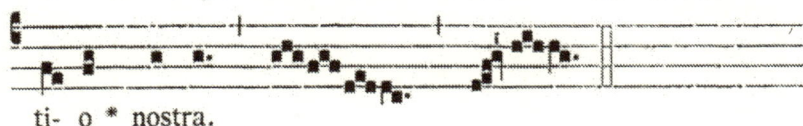

ti- o * nostra.

Post Septuagesimam, omissis Allelúia, *et Versu sequenti, dicitur Tractus* Qui séminant. [24].

Tempore autem Paschali, omittitur Graduale et ejus loco dicitur : Allelúia. ℣. Sicut abúndant, *ut supra. Deinde :*

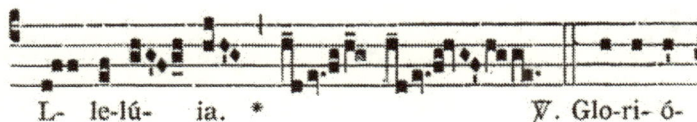

4.

A L- le-lú- ia. * ℣. Glo-ri- ó-

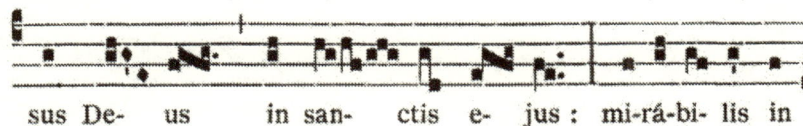

sus De- us in san- ctis e- jus: mi-rá-bi- lis in

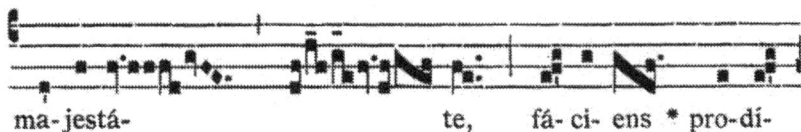

ma-jestá-   te,   fá- ci- ens * pro-dí-

gi- a.

Offert.
8.

T   Am-quam au- rum * in forná- ce probá-

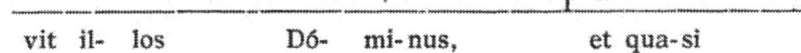

vit il- los   Dó- mi-nus,   et qua-si

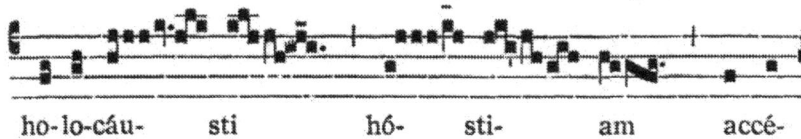

ho-lo-cáu- sti   hó- sti-   am   accé-

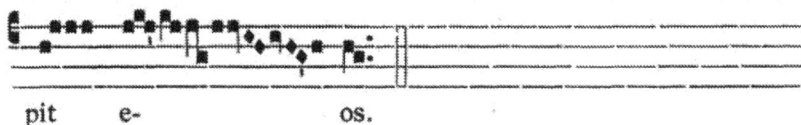

pit e-   os.

Comm.
3.

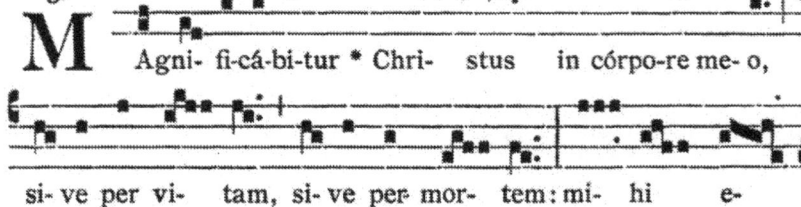

M   Agni- fi-cá-bi-tur * Chri- stus   in córpo-re me- o,

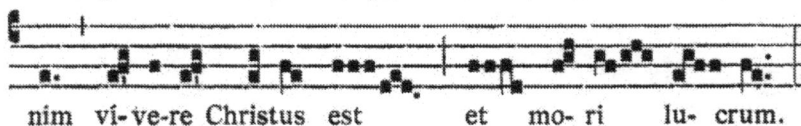

nim ví-ve-re Christus est   et mo- ri   lu- crum.

Die 16. Octobris.

Puritatis B. Mariae Virginis.

Introitus. Salve sancta Parens. [75].

Grad.
5.

S Ic-ut lí- li- um * in- ter spi-

nas, sic a-mí- ca me- a

inter fi- li- as. ℣. Di- léctus me-

us mi- hi, et e- go

il- li, qui pá-

sci- tur * inter lí- li- a.

A L- le- lú- ia. ij.

℣. Quae est i- sta, quae pro-

gré- di-tur qua-si au- ró- ra consúr- gens,

pulchra ut lu- na, e-lé- cta ut sol, terrí-

bi- lis ut

castró- rum á-ci- es * or- di- ná- ta?

¶ *Tempore Paschali omittitur Graduale et ejus loco dicitur :* Allelúia, allelúia. ℣. Tu glória Jerúsalem. 403. *Deinde* Allelúia. ℣. Tota pulchra es. 402.

Offert.
8.

Post par- tum, * Vir- go, invi- o-

lá- ta perman-sí- sti :

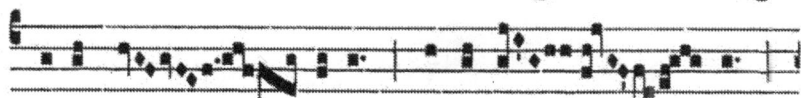

De- i Gé- nitrix, intercé- de

pro no- bis.

Comm.
5.

B Ene- dícta * et ve-ne-rá-bi- lis es, Virgo Ma-

rí- a, quae si-ne tactu pudó- ris invén- ta es

ma-ter Sal- va-tó- ris.

Die 23. Octobris.

Sanctissimi Redemptoris.

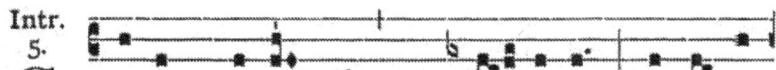

Intr.
5.

G Audens gaudé- bo * in Dó- mi-no, et exsul-

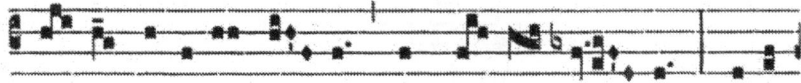

tá- bit á-nima me- a in De- o me- o : qui- a

índu- it me vestimén- tis sa- lú- tis, et induménto

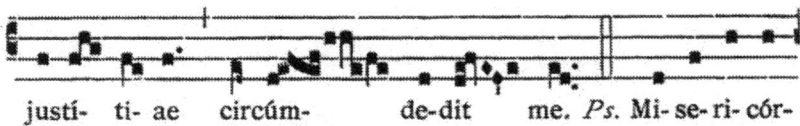

justí- ti- ae   circúm-   de-dit   me. *Ps.* Mi- se- ri- cór-

di- as Dómi-ni   in aetérnum cantá-bo : * in ge-ne-ra-ti- ó-nem

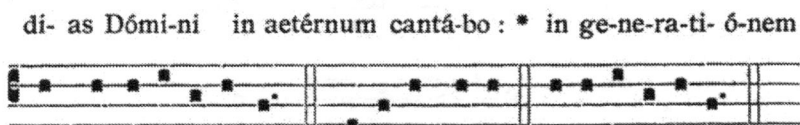

et ge-ne-ra-ti- ó-nem. Gló-rí- a Patri.   E u o u a e.

Grad.
I.

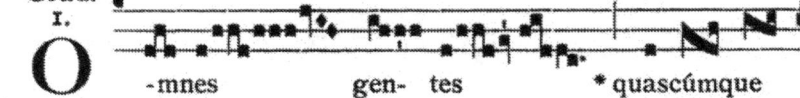

O -mnes   gen- tes   * quascúmque

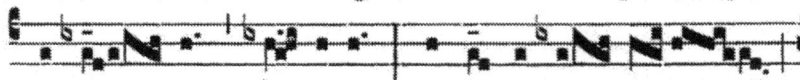

fe- cí-   sti,   vé- ni- ent, et ad-o- rá-   bunt

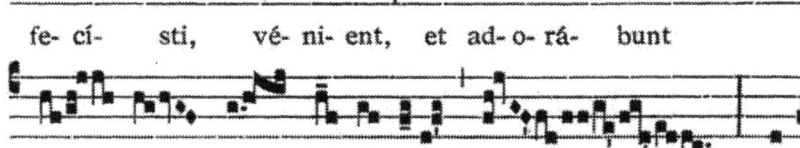

co-   ram   te,   Dó-mi-ne :   et

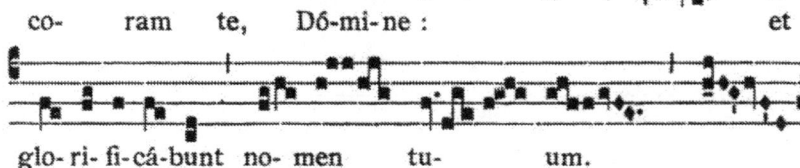

glo- ri- fi- cá-bunt no- men   tu-   um.

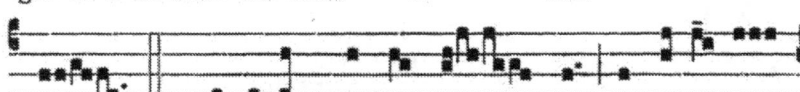

℣. Quó-ni- am magnus es   tu, et fá-ci- ens

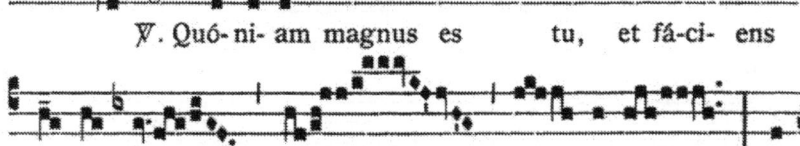

mi- ra- bí-   li- a :   tu

es De- us * so- lus.

2.

A L-le- lú-ia. * *ij.*

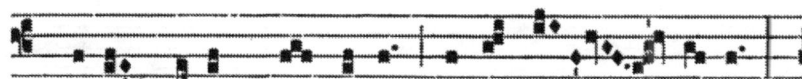

℣. De- us autem, Rex noster ante saé- cu- la :

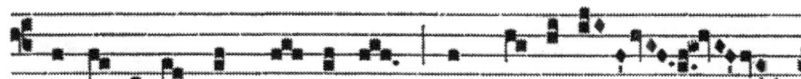

o-pe- rá-tus est sa- lú-tem in mé- di- o

* terrae.

Post Septuagesimam, omissis Allelúia *et* ℣. *sequenti, dicitur* Tractus Vere languóres. [108].

Tempore autem Paschali omittitur Graduale, et ejus loco dicitur : Allelúia, allelúia. ℣. Ave Rex noster. [108]. *Deinde :* Allelúia ℣. Tibi glória. [109].

Offert.
5.

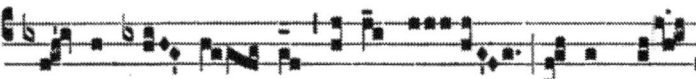

S A- lus pó- pu- li * e-go sum, di- cit Dó-

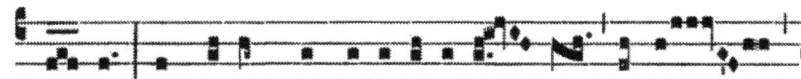

mi- nus : de quacúmque tribu-la-ti- ó- ne clamá-

ve-rint ad me, exáudi- am e- os :

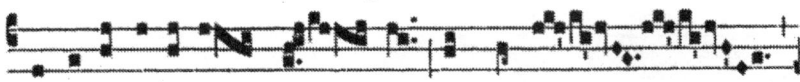

et e-ro il-ló-rum De- us in perpé-

tu- um, alle-lú- ia.

Comm.
7.

COnfi-te- án- tur Dómi- no * mi- se- ri-córdi- ae

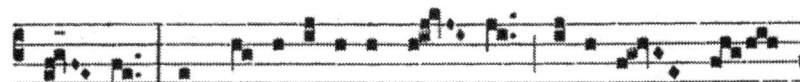

e- jus, et mi-ra-bí-li- a e- jus fí- li- is hó-

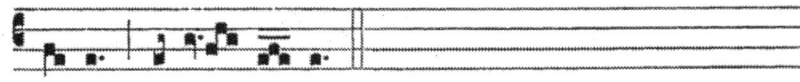

mi-num, alle- lú- ia.

FESTA NOVEMBRIS.

Die 5 Novembris.

Sacrarum Reliquiarum.

Introitus. Multae tribulatiónes. 515.

Graduale. Exsultábunt sancti. 646.

Allelúia, allélúia. ℣. Justi epuléntur. [27].

Post Septuagesimam, omissis Allelúia *et* ℣. *sequenti, dicitur Tractus* Qui séminant. [24].

Tempore autem Paschali omittitur Graduale, et ejus loco dicitur : Allelúia, allelúia. ℣. Sancti tui. [19]. *Deinde :* Allelúia ℣. Pretiósa. [19].

Offertorium. Mirábilis Deus. [24].

Comm.
I.

Gaudé- te * ju- sti in Dó- mi- no :

re- ctos de- cet collau- dá- ti- o.

Tempore Paschali, haec Communio cantatur ut supra, [20].

Die 13. Novembris.

S. Stanislai Kostkae Confessoris.

Intr.
I.

Consummá- tus * in bre- vi, explé- vit témpo-

ra mul- ta : plá- ci-ta e- nim e-rat De- o á-ni-

ma il-lí- us : pro-pter hoc pro-pe- rá-vit edú-ce-re

il- lum de mé-di- o in-i- qui- tá- tum. *Ps.* Laudá-te

pú- e-ri Dómi-num : * laudá-te no- men Dómi- ni. Gló-ri- a

Patri. E u o u a e.

Grad.
I.

DE-si-dé- ri- um * cor- dis e- jus tri-

bu- í- sti e- i : et vo-luntá-

te la-bi- ó- rum e-

jus non fraudá- sti e- um.

℣. Quó-ni- am

praeve- ní- sti e- um in be-ne-di-

cti- ó- ni-bus*dulcé- di- nis.

2.

AL-le- lú- ia. * *ij*.

℣. In- í- ti- o co- gnó-vi de

te-sti- mó-ni- is tu- is, qui- a in aetér-

num * fundásti e- a.

Post Septuagesimam, omissis Allelúia *et* ℣. *sequenti dicitur* Tractus Beátus vir. [8].

Tempore autem Paschali omittitur Graduale, et ejus loco dicitur : Allelúia, allelúia. ℣. Beátus vir qui suffert. [43]. *Deinde :* Allelúia. ℣. Amávit eum Dóminus. [39].

Offert. 4.

I Ntro- í-bo * ad altá-re De- i : ad

De- um, qui lae-tí- fi-cat juventú- tem

me- am.

Comm. I.

C I- bá- vit * il- lum Dómi- nus pane vi- tae et

Pro aliquibus locis.

intel- léctus, et a- qua sa-pi- én- ti- ae sa-lu- tá- ris po- tá-vit il- lum.

Die 27. Novembris.

B. Mariae V. Immaculatae
a Sacro Numismate.

Intr. 7.

E - rit qua-si si-gnum * in ma-nu tu- a, et qua-si mo-nu-mén- tum ante ó-cu-los tu- os, et ut lex Dó-mi-ni sem- per sit in o-re tu- o.

Ps. Con- fi-témi-ni Dómi-no et invo-cá-te nomen e-jus : * annunti- á-te inter gentes ó-pe-ra e- jus. Gló- ri- a Patri. E u o u a e.

Grad. 5.

M Ementó- te *mi-ra- bí- li- um

e- jus, quae fe- cit : pro-dí-gi-

a e- jus, et ju-dí- ci- a o-

ris e-jus. ℣. Pó-su- it

in e- a ver- ba

signó- rum su- ó-rum, et pro-di-

gi- ó- rum su- ó- rum * in ter- ra.

7.

A L-le- lú-ia. * ij.

℣. A sum- mo

cae- lo egréssi- o

e- jus, nec est qui se abscón-

dat a ca-ló- re * e- jus.

Post Septuagesimam, omissis Allelúia, *et* ℣. *sequenti, dicitur Tractus* Fundaménta ejus. 402.

Tempore autem Paschali omittitur Graduale, et ejus loco dicitur : Allelúia, allelúia. ℣. Tu glória Jerúsalem. 403. *Deinde.* Allelúia. Tota pulchra es. 402.

Offert.
6.

D I-xit Je- sus * di- scí- pu- lo : Ecce

ma- ter tu- a. Et ex illa ho- ra accé-pit e-

am discí- pu-lus in su- a.

Comm.
8.

IN- nova si- gna, * et im-mú- ta mi- ra- bí-

li- a. Glo-rí- fi-ca manum tu- am et bráchi- um

déx-te- rum. Festí-na tempus, et meménto fi-nis,

ut e-nárrent mi-ra-bí- li- a tu- a.

COMMUNE
SANCTORUM
PRO ALIQUIBUS LOCIS

Commune plurium Confessorum Pontificum.

Intr.
2.

S A-cer- dó- tes Si- on * ín-du- am sa-lu- tá-

ri, et San-cti e-jus exsul-ta-ti- ó-ne exsultá- bunt,

di-cit Dómi- nus : il-luc prodú- cam cor-nu Da- víd, pa-

rá- vi lu-cér- nam Chri-sto me- o. *T. P.* Al-le- lú- ia,

alle- lú- ia. *Ps.* Memén-to, Dó-mi-ne, David : * et omnis

mansu- e-tú-di- nis e- jus. Gló-ri- a Patri. E u o u a e.

Grad.
2.

S Acrí- fi- cent * Dó- mi- no sacri- fí- ci-

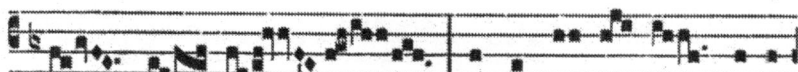

um lau- dis: et annún-ti- ent ópe-

ra e- jus in exsul- ta- ti- ó- ne.

℣. Et ex-áltent e-

um in ecclé- si- a ple-

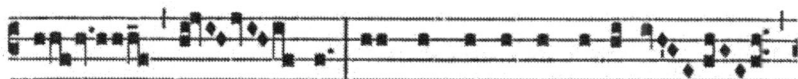

bis : et in cáthedra se-ni- ó-

rum lau- dent * e- um.

3.

A L-le-lú- ia. * ij.

℣. Sa-cerdó- tes tu- i, Dó-mi-ne De- us,

indu- ántur sa- lú- tem, et Sancti tu- i lae- tén-tur * in

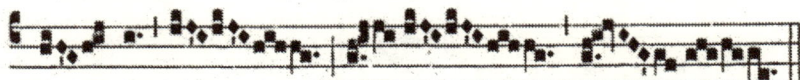

bo- nis.

Post Septuagesimam, omissis Allelúia, *et Versu sequenti, dicitur :*

Tract. 8.

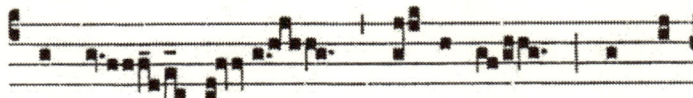

S Urge, * Dó- mi- ne, in ré-

qui- em tu- am, tu et arca san-

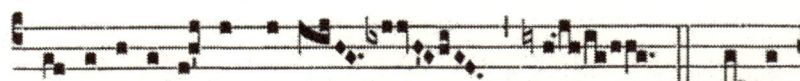

cti- fi-ca-ti- ó- nis tu- ae. ℣. Sa-cer-

dó-tes tu- i indu- án- tur justí- ti- am :

et sancti tu- i ex- súl- tent.

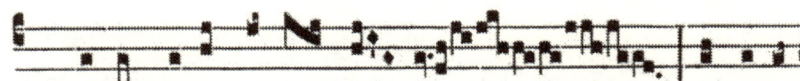

℣. Propter David servum tu- um, non avér-

tas fá- ci- em * Chri- sti tu- i.

Tempore autem Paschali omittitur Graduale, et ejus loco dicitur :
Allelúia, allelúia. ℣. Sacerdótes tui. *ut supra; deinde :*

1.

A L-le-lú- ia. *

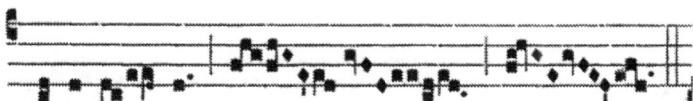

℣. Ego Dó- mi-nus in- e- bri- á- bo á-nimam

sa-cerdó-tum pingué- di-ne : et

pó-pu-lus me- us bo-nis me- is * ad-im-

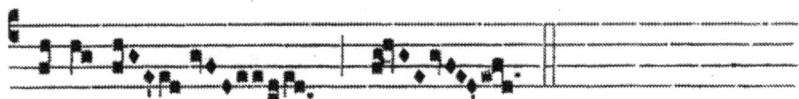

plé-bi- tur.

Offert.
6.

B E- á- ti, * qui custó- di- unt ju- dí-ci- um, et

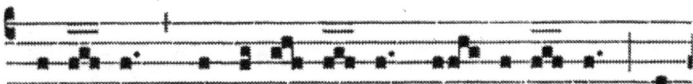

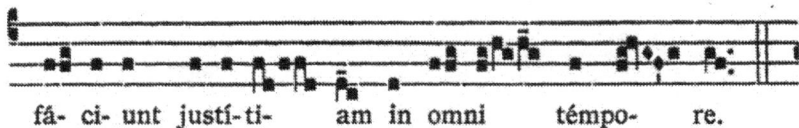

fá- ci- unt justí- ti- am in omni témpo- re.

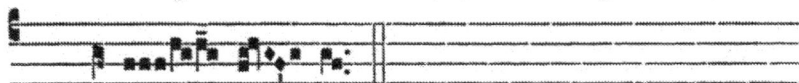

T. P. Alle- lú- ia.

Comm.
7.

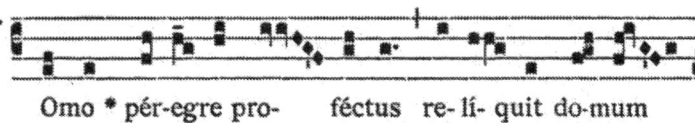

H Omo * pér-egre pro- féctus re-lí- quit do-mum

su- am, et de-dit servis su- is pot-está-tem cu-júsque

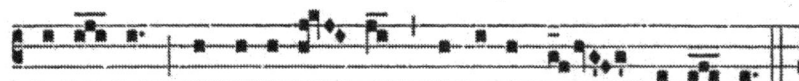

ópe- ris, et ja-ni-tó- ri praecé-pit ut ví-gi- let.

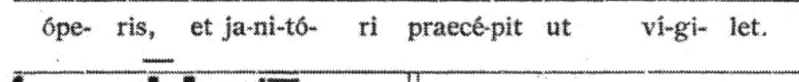

T. P. Al-le- lú- ia.

Commune plurium Confessorum
non Pontificum.

Intr.
3.

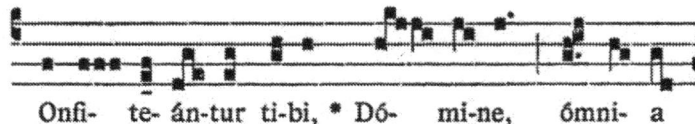

C Onfi- te- án-tur ti-bi, * Dó- mi-ne, ómni- a

ó-pe-ra tu- a, et Sancti tu- i be- ne-dí- cant

ti-bi : gló- ri- am re- gni tu- i di- cent, et po:-

én- ti- am tu- am lo-quén- tur. *T. P.* Alle-lú-ia,

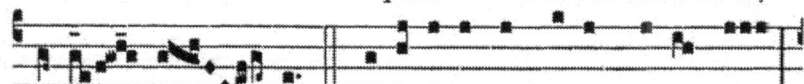

alle- lú- ia. *Ps.* Exaltábo te, De- us me- us, rex : *

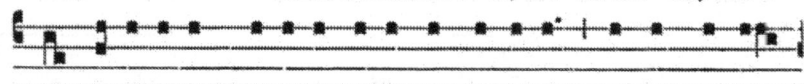

et bene-dí-cam nómi-ni tu- o in saécu-lum, et in saécu-

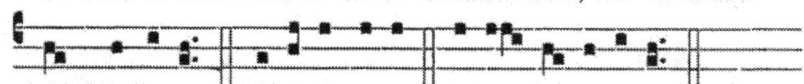

lum saécu-li. Gló-ri- a Patri. E u o u a e.

Grad.
I.

D I- lí- gi- te Dómi- num omnes San-

cti e-jus, quó- ni- am ve-ri-tá-

tem requí-ret Dómi- nus, et retrí- bu- et

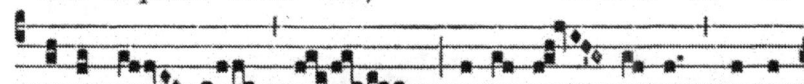

abundán- ter fa-ci- én- ti-bus su-pérbi- am. ℣. Vi- rí- li- ter

á-gi-te, et confor-té-

tur cor ve- strum, omnes qui spe-rá- tis

* in Dó-mi- no.

3.

A L-le- lú- ia. * ij.

℣. Spe-rent in te qui nové-runt no-

men tu- um: quó- ni- am non de-re-li-

quí- sti quae-rén- tes te, * Dó- mi- ne.

Post Septuagesimam omissis Allelúia, *et Versu sequenti, dicitur :*

Tract.
8.

G Ustá-te * et vi- dé- te

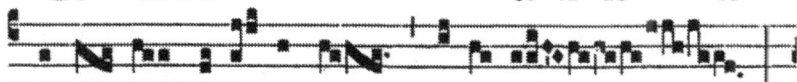

quó-ni- am su- á- vis est Dómi- nus :

be- á-tus vir qui spe- rat in e-

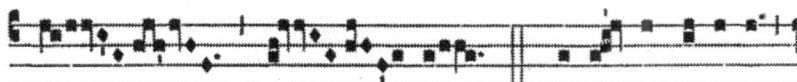

o. ℣. Timé- te Dómi-num,

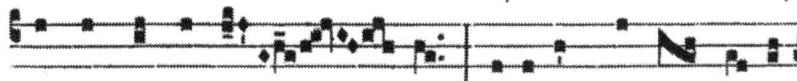

omnes Sancti e- jus: quó-ni- am non est in-ó-

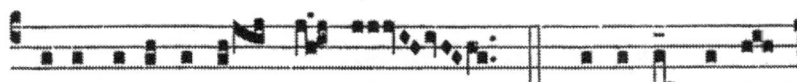

pi- a timénti-bus e- um. ℣. Dí- vi- tes e-gu-

é- runt et e-su- ri- é-runt:

inqui- rén- tes autem Dómi- num non mi-nu- én- tur

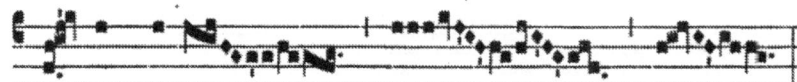

o-mni * bo-no.

Tempore autem Paschali omittitur Graduale, et ejus loco dicitur :
Allelúia, allelúia. ℣. Sperent in te, *ut supra; deinde :*

4.
A L- le- lú- ia. * ℣. Ju-sti con-

fi-te-bún- tur nómi- ni tu- o, Dómi- ne : et

ha-bi- tá-bunt re- cti cum

vul- tu * tu- o.

Offert.
I.
J Usti * epu-lén- tur, et exsúl- tent

in conspé- ctu De- i, et

de- le-ctén- tur in lae- tí- ti- a.

T. P. Al- le- lú-

ia.

Comm.
I.

B E- á-ti servi il-li, * quos, cum vé-ne-rit Dó-mi-

nus, invé-ne-rit vi-gi- lán- tes; amen di- co vo-bis, quod

prae-cínget se, et fá-cí- et il-los discúmbe- re, et tráns-

i- ens mi-nistrá- bit il- lis. *T. P.* Alle-

lú- ia.

Commune plurium Virginum.

I. Pro Martyribus.

Intr.
4.

D E- us me- us, * impol-lú- ta vi- a e- jus:

e-lóqui- a Dó- mi- ni igne e-xa- mi-ná-ta : pro-

té- ctor est ómni- um spe-ránti- um in se.

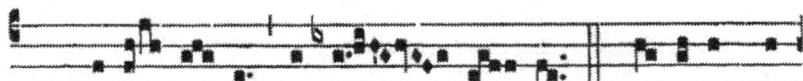

T. P. Alle- lú- ia, al- le- lú- ia. *Ps.* Dí- lí-gam te,

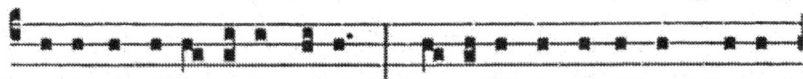

Dómi-ne, forti- túdo me- a : * Dómi-nus firmaméntum me- um,

et re-fú-gi- um me- um, et li-be-rá- tor me- us. Gló- ri- a

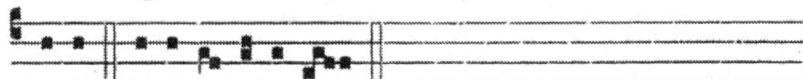

Patri. E u o u a e.

Grad.
7.

SALvá- sti e-nim nos, * De- us, de af-

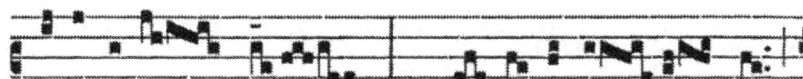

fligénti-bus nos : et o- di- éntes nos

con- fu- dí- sti. ℣. In De-

o laudá-

bimur to- ta di- e : et in nómi-ne tu- o confi-té- bi- mur * in saé- cu- lum.

7.

A L- le- lú- ia. * ij.

℣. Vi-cé- runt dra- có-

nem pro- pter sánguinem A-gni, et propter ver-

bum testimó- ni- i

* su- i.

Post Septuagesimam, omissis Allelúia, *et* ℣. *sequenti, dicitur :*

Tract.

2.

M Agni- fi- cén- ti- am * gló- ri- ae

sancti- tá-tis tu- ae, Dómi- ne, loquén- tur :

et mi- ra- bí- li- a tu- a   nar- rá- bunt. ℣. Et

virtú-tem terri- bí- li- um tu- ó-rum di- cent :

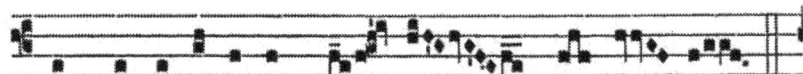

et magni- tú-di-nem tu- am   nar- rá- bunt.

℣. Memó- ri- am   abun-dán- ti- ae   su- avi-

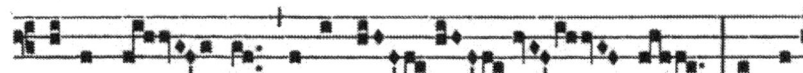

tá-tis tu- ae e-ructá- bunt : et ju-

stí- ti- a tu- a * exsul- tá-bunt.

Tempore autem Paschali omittitur Graduale, et ejus loco dicitur :
Allelúia, allelúia. ℣. Vicérunt, *ut supra; deinde :*

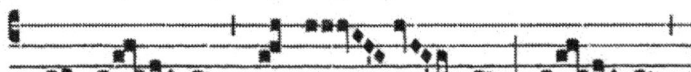

3.
A L- le- lú- ia. *

℣. Casta ge-ne- rá- ti-

o in perpé- tu- um co- ro- ná- ta

tri- úmphat, inco- in- qui- na- tó- rum

cer- tá- minum praémi- um * vin- cens.

Offert.
5.

D Omi- ne, * in lú- mi- ne vultus tu- i ambu-

lá- bunt, et in nó- mi- ne tu- o exsultá- bunt

to- ta di- e : et in justí- ti- a tu- a

ex- al- ta- bún- tur.

T. P. Alle- lú- ia.

Comm.
5.

P Ru- déntes * Vír- gi- nes acce- pé- runt ó- le- um

(chant notation)

in va-sis su- is cum lampá-di- bus : mé-di- a autem no-

cte clamor factus est : Ecce sponsus ve- nit, ex-í- te

ób-vi- am e- i. *T. P.* Al-le- lú- ia.

II. Pro Virginibus tantum.

Intr.
5.

V Irgi-nes * laudent no- men Dó-mi- ni, qui- a

exaltá- tum est nomen e- jus so-lí- us : confés-

si- o e- jus super caelum et ter- ram. *T. P.* Alle-

lú- ia, al-le- lú- ia. *Ps.* Laudá-te Dómi-num

de cae-lis : * laudá-te e- um in excélsis. Gló-ri- a Patri.

E u o u a e.

Grad. 3.

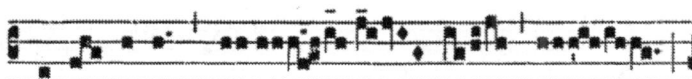

S Pe-ci- ó-sus * for- ma

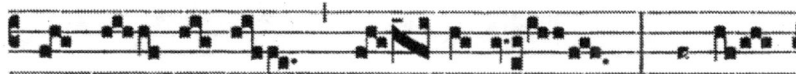

prae fí- li- is hó- mi- num : dif-fú-

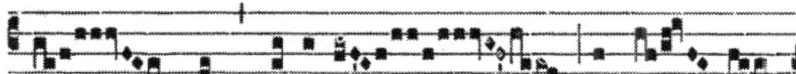

sa est grá-ti- a in lá- bi-

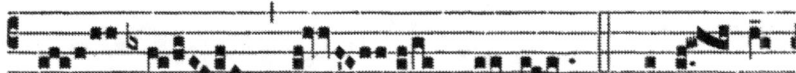

is tu- is. ℣. Fí- li- ae

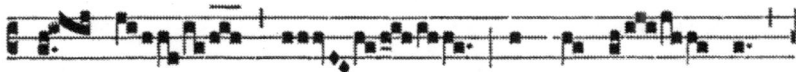

re- gum in ho- nó- re

tu- o: ásti-tit re-gí- na a dex-

tris tu- is in ve- stí- tu de-aurá-

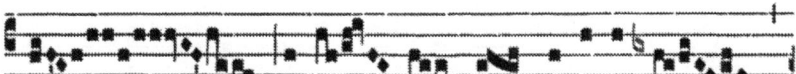

to, circúm- da- ta * va-ri- e- tá-

te.

1.

ALle- lú- ia. * ij.

℣. O quam pul- chra est ca- sta ge-ne- rá-

ti- o cum cla-ri- tá- te : immortá- lis est

e- nim me-mó- ri- a * il-lí- us.

Post Septuagesimam, omissis Allelúia, *et* ℣. *sequenti, dicitur :*

Tract.

2.

O -mnis *glό- ri- a

e-jus fí-li-ae Regis ab intus, in fímbri- is

áu- re- is, circumamí- cta va-ri- e-tá- ti-

bus. ℣. Ad-du-cén- tur Re-gi vírgi- nes post

e- am : pró-ximae e- jus affe-réntur

ti- bi. ℣. Addu-céntur in laetí- ti- a et exsul-

ta- ti- ó- ne : addu-cén- tur in

templum * Re- gis.

Tempore autem Paschali omittitur Graduale, et ejus loco dicitur :
Allelúia, allelúia. ℣. O quam pulchra est, *ut supra; deinde :*

2.

A L-le-lú- ia. * ℣. Ego Dó-

mi- nus da-bo e- is nomen

mé- li- us a fí- li- is et fi- li- á- bus :

no- men sempi-térnum dabo e-

is, * quod non per-í- bit.

Offert.
2.

A C-cé- di- te * ad Dómi- num, et il- lu- mi-ná- mi-ni : et fá- ci- es ve- strae non confun- dén- tur. *T. P.* Alle- lú- ia.

Comm.
5.

V E-nit Sponsus : * et Vírgi-nes, quae pa-rá-tae e- rant, intravé- runt cum e- o ad núpti- as, et clausa est jánu- a. *T. P.* Alle- lú- ia.

Commune plurium non Virginum.

I. Pro Martyribus.

Intr.
7.

D A no-bis, De- us, * auxí-li- um de tri- bu-la- ti- ó- ne, qui-a va- na sa-lus hómi-nis : in

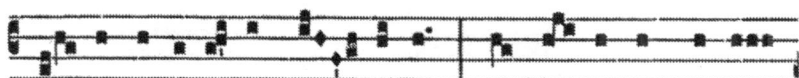

De- o fa-ci- émus vir- tú-tem : et i-pse ad ní-hi-

lum de-dú- cet in-imí- cos no-stros. *T. P.* Alle-

lú- ia, alle- lú- ia. *Ps.* Pa- rá-tum cor me-um,

De- us, pa-rá-tum cor me-um : * cantábo et psallam in

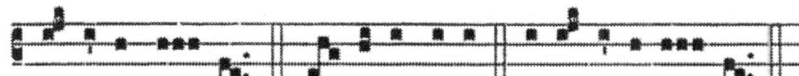

gló- ri- a me- a. Gló- ri-a Patri. E u o u a e.

Grad. 5.

D A no- bis, * De- us, auxí- li- um

de tri-bu-la-ti- ó- ne, qui-a va- na sa-lus hó- mi-

nis. ℣. In De- o fa-ci- émus vir-tú-

tem : et ipse ad ní- hi-lum

dedú·cet * tri-bu-lán- tes nos.

8.

A L-le- lú- ia. * *ij.*

℣. Ve- né- runt de tri-bu-la-ti- ó- ne magna,

et lavé- runt sto- las su- as, et de- alba-vé-runt

e- as * in sángui- ne Agni.

Post Septuagesimam, omissis Allelúia, *et* ℣. *sequenti, dicitur :*

Tract.
8.

P Ro-bá- sti nos, * De- us : igne nos exa-

mi-ná- sti sic- ut ex- ami-ná-tur ar- gén-

tum. ℣. Indu-xí- sti nos in láque- um,

po-su- ísti tri-bu-la-ti- ónes in dorso no- stro :

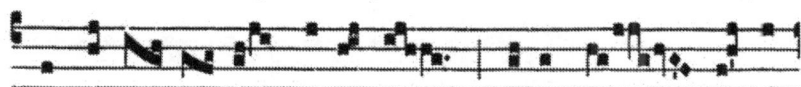

impo-su- í- sti hómi- nes super cá- pi- ta

nostra. ℣. Transí- vimus per

i-gnem et a- quam : et edu-xí- sti nos

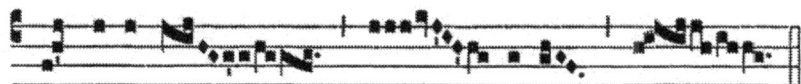

* in refri- gê- ri- um.

Tempore autem Paschali omittitur Graduale, et ejus loco dicitur :
Allelúia, allelúia. ℣. Venérunt, *ut supra; deinde :*

1.

AL- le- lú- ia. *

℣. Non di- lexé-

runt á-nimas su- as usque ad mor-

tem : proptér-e- a laetá-

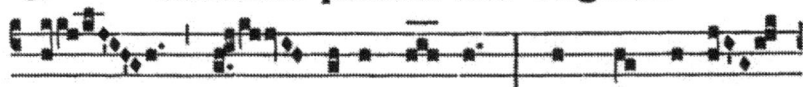

mi-ni, cae- li,   et qui ha-bi-

tá-   tis * in   e- is.

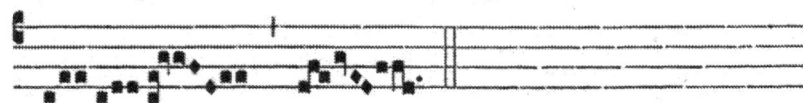

Offert.
3.

Uaéri- te   * Dó-   mi- num,

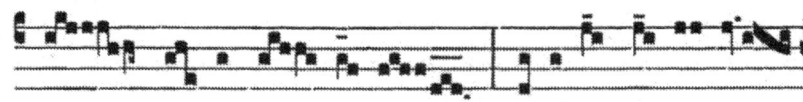

et   con- firmá-   mi- ni :   quaéri-te fá- ci- em

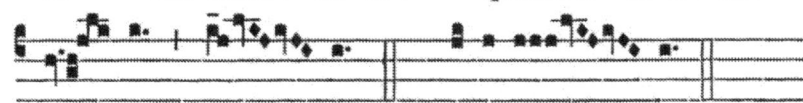

e-   jus   sem-   per. *T. P.* Alle- lú-   ia.

Comm.
4.

Imi-le est * re-gnum cae-ló- rum the- sáuro abs-

cóndi-to in a- gro : quem qui invé-nit homo, abscóndit,

et prae gáudi- o il-lí- us va- dit, et vendit u- ni-vérsa

quae ha- bet, et emit agrum il- lum. *T. P.* Alle-

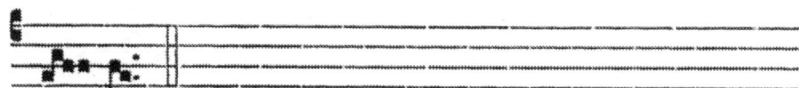

lú- ia.

II. Pro non Martyribus.

Intr.
6.

DO-mi-ne, * De- us virtú-tum, non discé- di-mus a

te : vi-vi- fi- cá-bis nos, et nomen tu- um in-

vo- cá-bi-mus. *T. P.* Alle- lú- ia, alle- lú- ia.

Ps. Qui re- gis Isra- el, inténde : * qui dedú-cis vel-ut o-vem

Jo-seph. Gló-ri- a Patri. E u o u a e.

Grad.
5.

A- nima no- stra * sús- ti-

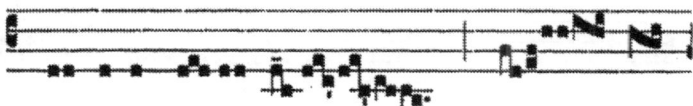

net Dómi- num : quó-ni- am ad- jú- tor

et pro-téctor no- ster est.

℣. Qui- a in e- o laetá- bi-tur

cor nostrum : et in nómi-ne sancto e-

jus * spe-rá- vi-mus.

2.

A L-le- lú- ia. * *ij.*

℣. In-í- ti- um sa-pi- én- ti- ae ti-

mor Dó- mi-ni : cum e-léctis fé- mi- nis grá- di-

tur, et cum ju- stis et fi-dé-li- bus * agnó- sci- tur.

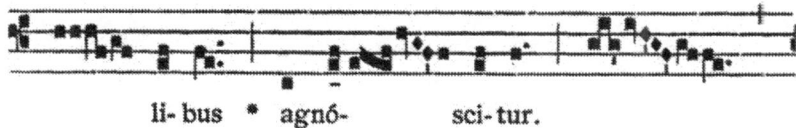

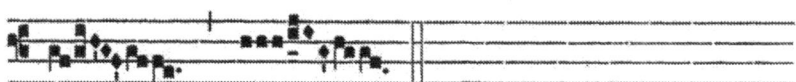

Post Septuagesimam, omissis Allelúia, *et Versu sequenti, dicitur :*

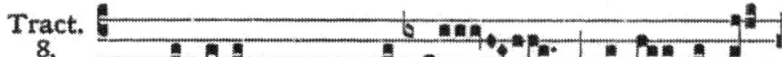

Tract. 8.

S Uscé- pi- mus, * De- us, mi-se- ri-cór-

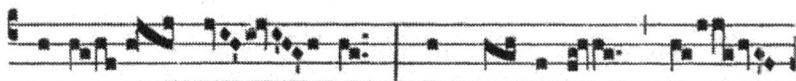

di- am tu- am in mé- di- o tem-

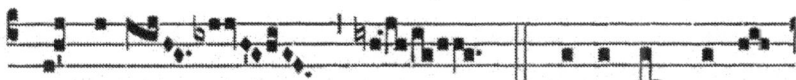

pli tu- i. ℣. Se-cúndum nomen

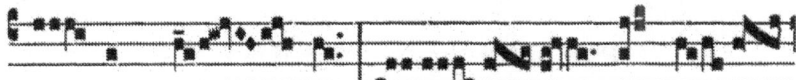

tu- um, De- us, sic et laus

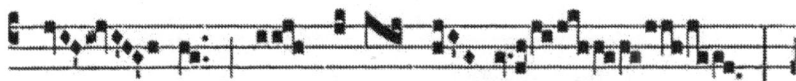

tu- a in fi-nes ter- rae :

justí- ti- a ple-na est déx- te-ra tu-

a. ℣.Laeté- tur mons Si- on,

(chant notation)

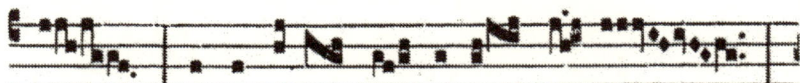

et exsúl-tent fí- li- ae   Ju- dae,

(chant notation)

propter ju-dí- ci- a tu- a, * Dómi- ne.

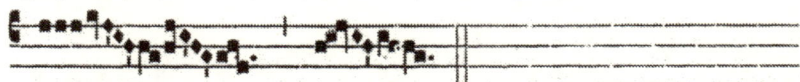

(chant notation)

Tempore autem Paschali omittitur Graduale, et ejus loco dicitur :
Allelúia, allelúia. ℣. Inítium sapiéntiae, *ut supra; deinde :*

(chant notation)

7.

A   L-le- lú-ia. *

(chant notation)

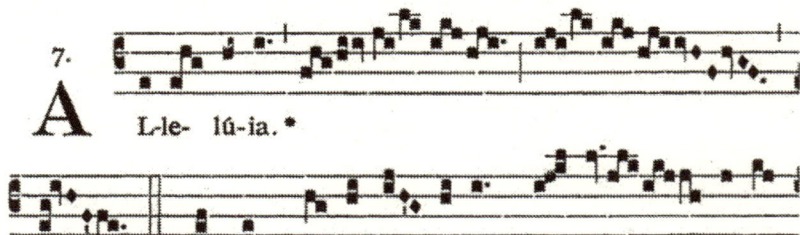

℣. Haec est ge-ne-rá- ti- o quae- rén- ti- um

(chant notation)

Dó- mi- num, quaerén- ti- um fá- ci- em * De- i

(chant notation)

Ja-cob.

Offert.
8.

L   Audá- mi- ni * in nómi-ne san- cto   e-

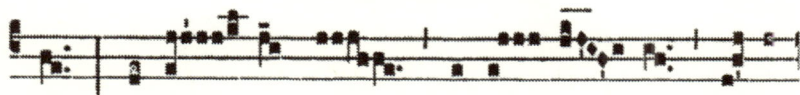

jus : lae-té- tur cor quaerén- ti- um Dó-mi-

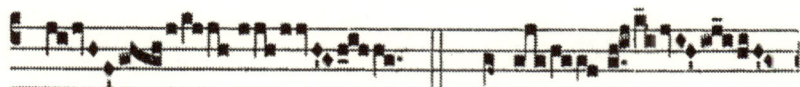

num. *T. P.* Alle-

lú- ia.

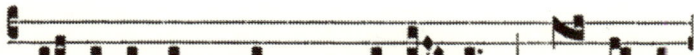

Comm.
8.

S I- mi- le est * regnum cae-ló- rum hó- mi- ni

ne-go- ti- a-tó- ri, quaerénti bo-nas marga- rí- tas :

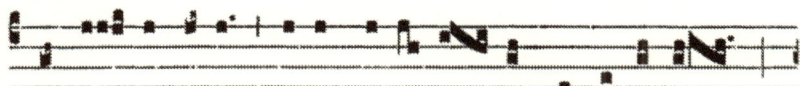

invén- ta autem una pre-ti- ó- sa marga- rí- ta,

áb-i- it, et véndi- dit ómni- a quae há-bu- it, et

e- mit e- am. *T. P.* Alle- lú- ia.

PSALMI USITATI

PER HEBDOMADAM SANCTAM

SECUNDUM NOVAM INTERPRETATIONEM LATINAM

Psalmus 23, 1-2 et 7-10

1. Dómi-ni est terra et quae re- plent e- am, * orbis ter-

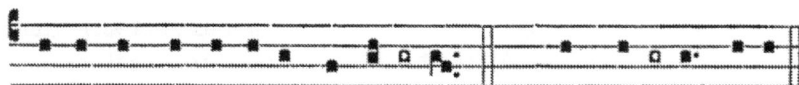

rá-rum et qui há-bi-*tant in* e- o. *Flexa :* rex gló-ri-æ? » †

2. Nam ipse...

2. Nam ipse super mária fun**dá**vit **e**um, * et super flúmina fir*mávit* **e**um.

7. Attóllite, portae, cápita vestra, † et attóllite vos, **fo**res antíquae, * ut ingrediá*tur rex* **gló**riae!

8. « Quis est iste rex glóriae? » † « Dóminus **for**tis et **po**tens, * Dóminus po*tens in* **praé**lio ».

9. Attóllite, portae, cápita vestra, † et attóllite vos, **fo**res antíquae, * ut ingrediá*tur rex* **gló**riae!

10. « Quis est **is**te rex **gló**riae? » * « Dóminus exercítuum : ipse *est rex* **gló**riae ».

11. Glória **Pa**tri, et **Fí**lio, * et Spirí*tui* **San**cto.

12. Sicut erat in princípio, et **nunc,** et **sem**per, * et in saécula saecu*lórum*. **A**men.

Psalmus 46

1. Omnes pó-pu-li, pláudi-te má-ni-bus, * exsultá-te De- o

vo- ce laetí- ti- ae. 2. Quó-ni- am...

2. Quóniam Dóminus excélsus, terríbilis, * Rex magnus super omnem terram.

3. Súbjicit pópulos nobis * et natiónes pédibus nostris.

4. Eligit nobis hereditátem nostram, * glóriam Jacob, quem díligit.

5. Ascéndit Deus cum exsultatióne, * Dóminus cum voce tubae.

6. Psállite Deo, psállite; * psállite Regi nostro, psállite.

7. Quóniam Rex omnis terrae est Deus, * psállite hymnum.

8. Deus regnat super natiónes, * Deus sedet super sólium sanctum suum.

9. Príncipes populórum congregáti sunt * cum pópulo Dei Abraham.

10. Nam Dei sunt próceres terrae : * excélsus est valde.

11. Glória Patri, et Fílio, * et Spirítui Sancto,

12. Sicut erat in princípio, et nunc, et semper, * et in saécula saeculórum. Amen.

Psalmus 147

1. Lauda, Je-rú-sa-lem, Dómi-num : * lauda De- um tu-um,

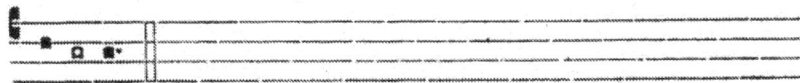

Si- on.

2. Quod firmávit seras portárum tuárum, * benedíxit fíliis *tuis* in te.

3. Compósuit fines tuos in **páce**, * medúlla trítici *sátiat* te.

4. Emíttit elóquium suum in **terram**, * velóciter currit *verbum* ejus.

5. Dat nivem sicut **lanam**, * pruínam sicut *cínerem* **spargit**.

6. Prójicit gláciem suam ut frústula **panis**; * coram frígore ejus a*quae rigé*scunt.

7. Emíttit verbum suum et liquefácit **eas**; * flare jubet ven**tum** suum et *fluunt* aquae.

8. Annuntiávit verbum suum **Jacob**, * statúta et praecépta *sua* **Israël**.

9. Non fecit ita ulli natióni : * praecépta sua non manife*stávit* eis.

10. Glória Patri, et **Fílio**, * et Spirí*tui* **Sancto**.

11. Sicut erat in princípio, et nunc, et **semper**, * et in saécula saecu*lórum*. **Amen**.

Psalmus 22

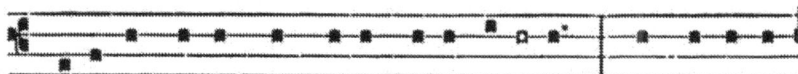

1. Dómi-nus pascit me : ni-hil mi-hi **de-** est; * in páscu- is

vi- rénti-bus cu-bá-re *me* **fa-** cit. 2. Ad aquas...

2. Ad aquas, ubi quiéscam, con**dú**cit me; * réficit áni*mam* **me**am.

3. Dedúcit me per sémitas **re**ctas * propter no*men* **suum**.

4. Etsi incédam in valle tene**bró**sa, * non timébo mala, qu*ia tu* **me**cum es.

5. Virga tua et báculus **tuus** : * haec me con*sol*ántur. —

6. Paras mihi **mensam** * spectántibus adversári*is* meis;

7. Inúngis óleo caput **meum**; * calix meus ubér*rimus* est.

8. Benígnitas et grátia me se**quén**tur * cunctis diébus vi*tae* **me**ae.

9. Et habitábo in domo **Dó**mini * in longíssi*ma* **tém**pora.

Psalmus 71

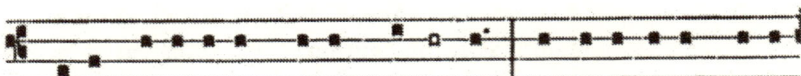

1. De- us, ju-dí-ci- um tu- um **re**-gi da, * et justí- ti- am tu- am

fí- li- *o* **re-** gis. *Flexa :* pópu- li, †

2. Gubérnet pópulum tuum cum justítia, * et húmiles tuos cum ae*qui*táte.

3 Afferent montes pacem **pó**pulo * et colles *justí*tiam.

4. Tuébitur húmiles pópuli, † salvos fáciet fílios **páu**perum, * et cónteret op*pressó*rem. ——

5. Et diu vivet **ut** sol, * et sicut luna in omnes genera*tió*nes.

6. Descéndet ut plúvia super **gra**men, * sicut imbres qui írri- *gant* **ter**ram.

7. Florébit in diébus ejus justítia * et abundántia pacis, donec defíci*at* **luna.** ——

8. Et dominábitur a mari usque ad **ma**re, * et a flúmine usque ad térmi*nos* **ter**rae.

9. Coram illo prócident inimíci **ejus,** * et adversárii ejus púlve- *rem* **lin**gent.

10. Reges Tharsis et insulárum múnera **óf**ferent; * reges Arabum et Saba dona ad*dú*cent :

11. Et adorábunt eum omnes **reges,** * omnes gentes sérvi*ent* **ei.** ——

12. Etenim liberábit páuperem invo**cán**tem, * et míserum, cui non est *ad***jú**tor.

13. Miserébitur ínopis et **páu**peris, * et vitam páuperum *sal***vá**bit :

14. Ab injúria et oppressióne liberábit **eos,** * et pretiósus erit sanguis eórum co*ram* **il**lo. ——

15. Ideo vivet et dabunt ei de auro Arábiae, † et orábunt pro eo **sem**per : * perpétuo benedí*cent* **ei.**

16. Erit abundántia fruménti in terra; † in summis móntium strepet ut Líbanus, fructus **ejus,** * et florébunt incólae úrbium ut grámi*na* **ter**rae.

17. Erit nomen ejus benedíctum in sǽcula; * dum lucébit sol, permanébit no*men* ejus.

18. Et benedicéntur in ipso omnes tribus ter*rae, * omnes gentes beátum praedicá*bunt* eum. —

19. Benedíctus Dóminus, Deus Israël, * qui facit mirabília so*lus.

20. Et benedíctum nomen ejus gloriósum in sǽcula; * et repleátur glória ejus omnis terra. Fi*at*, fiat.

Psalmus 103

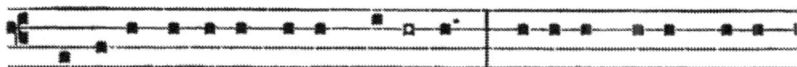

1. Bé-ne-dic, á-nima me- a, **Dó**mi-no! * Dómi-ne, De- us me- us,

magnus *es* **val-** de. *Flexa :* Dómi-ne! †

2. Majestátem et decórem in**dú**tus es, * amíctus lúmine sic*ut* **pál**lio.

3. Extendísti caelum sicut aulaéum, * exstruxísti super aquas conclá*via* **tua.

4. Nubes constítuis currum **tuum**, * ámbulas super a*las* **ven**ti.

5. Núntios tuos facis **ven**tos, * et minístros tuos ignem *ard**én**tem. —

6. Fundásti terram super bases **ejus** : * non vacillábit in saécu*lum* **sáe**culi.

7. Océano ut vestiménto texísti eam, * super montes stet*érunt* aquae.

8. Increpánte te fug**é**runt, * te tonánte trepi*dá*runt.

9. Ascendérunt montes, descendérunt **val**les * in locum quem statu*ísti* eis.

10. Términum posuísti, quem non transgredi**án**tur, * ne íterum opéri*ant* **ter**ram. —

11. Fontes deflúere jubes in **rivos** * qui manant in*ter* **mon**tes.

12. Potum praebent omni béstiae **agri** : * ónagri extínguunt si*tim* **su**am;

13. Juxta eos hábitant vólucres caeli, * inter ramos edunt vocem.

14. Rigas montes de conclávibus tuis, * fructu óperum tuórum satiátur terra.

15. Prodúcis gramen juméntis * et herbam, ut sérviat hómini,

16. Ut trahat panem de terra, * et vinum quod laetíficet cor hóminis;

17. Ut fáciem exhílaret óleo, * et panis refíciat cor hóminis.

18. Saturántur árbores Dómini, * cedri Líbani quas plantávit.

19. Illic vólucres nidum ponunt; * cicóniae domus sunt abíetes.

20. Montes excélsi ibícibus, * petrae hyrácibus perfúgium praéstant. —

21. Fecísti lunam ad témpora signánda; * sol cognóvit occásum suum.

22. Cum facis ténebras et óritur nox, * in ea vagántur omnes béstiae silvae.

23. Cátuli leónum rúgiunt ad praédam, * et petunt a Deo escam sibi.

24. Cum óritur sol, recédunt, * et in cubílibus suis recúmbunt.

25. Homo exit ad opus suum * et ad labórem suum usque ad vésperum. —

26. Quam multa sunt ópera tua, Dómine! † ómnia cum sapiéntia fecísti : * plena est terra creatúris tuis.

27. Ecce mare magnum et late patens : † illic reptília sine número, * animália parva cum magnis.

28. Illic naves perámbulant, * Leviáthan, quem fecísti, ut ludat in eo. —

29. Omnia a te exspéctant, * ut des eis escam témpore suo.

30. Dante te eis cólligunt; * aperiénte te manum tuam impléntur bonis.

31. Si abscóndis fáciem tuam, turbántur; † si aufers spíritum eórum, decédunt * et revertúntur in púlverem suum.

32. Si emíttis spíritum tuum, creántur, * et rénovas fáciem terrae. —

33. Glória Dómini sit in aetérnum : * laetétur Dóminus de opéribus suis.

34. Qui réspicit terram, et tremit; * tangit montes, et fumant.

35. Cantábo Dómino, donec vivam; * psallam Deo meo, quámdiu ero.

36. Jucúndum sit ei elóquium **meum** : * ego laetábor *in* **Dómino**.

37. Tollántur peccatóres de terra, † et ímpii ne sint **ultra**; * béne-dic, ánima me*a*, **Dómino!**

Psalmus 150

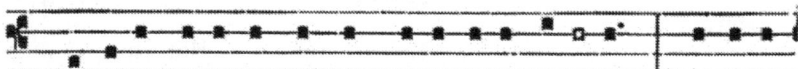

1. Laudá-te Dómi-num in san-ctu- á- ri- o **e**- jus, * laudá-te

é- um in augústo firmamén*to* **e**- jus. *Flexa :* sonóris, †

2. Laudáte eum propter grándia ópera **ejus**, * laudáte eum pro-pter summam majestá*tem* **ejus**.

3. Laudáte eum clangóre **tu**bae, * laudáte eum psaltério *et* **cí**thara.

4. Laudáte eum týmpano et **cho**ro, * laudáte eum chordis *et* **ór**gano.

5. Laudáte eum cýmbalis sonóris, † laudáte eum cýmbalis cre-pi**tán**tibus : * omne quod spirat, lau*det* **Dóminum!**

Psalmus 21

1. De- us me- us, De- us me- us, qua-re me de-*re- lí*qui- sti? *

Longe abes a pré-ci-bus, a verbis clamó-ris **me**- i.

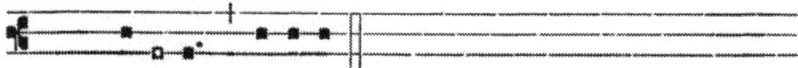

Flexa : mé- um, †

2. Deus meus, clamo per diem, et *non* **exáu**dis, * et nocte, et non atténdis **ad** me.

3. Tu autem in sanctuá*rio* **há**bitas, * laus **Israël**.

4. In te speravérunt *patres* nostri, * speravérunt et liberásti eos;

5. Ad te clamavérunt et *salvi* facti sunt, * in te speravérunt et non sunt confúsi.

6. Ego autem sum vermis *et non* homo, * oppróbrium hóminum et despéctio plebis.

7. Omnes vidéntes *me deri*dent me, * didúcunt lábia, ágitant caput :

8. « Confídit in Dómino : *líberet* eum, * erípiat eum, si díligit eum ».

9. Tu útique duxísti me in*de ab* útero; * secúrum me fecísti ad úbera matris meae.

10. Tibi tráditus sum in*de ab or*tu, * ab útero matris meae Deus meus es tu.

11. Ne longe stéteris a me, quó*niam* tríbulor; * prope esto : quia non est adjútor. —

12. Circúmstant me ju*vénci* multi, * tauri Basan cingunt me.

13. Apériunt contra *me os* suum, * sicut leo rapax et rúgiens.

14. Sicut a*qua effú*sus sum, * et disjúncta sunt ómnia ossa mea :

15. Factum est cor meum *tamquam* cera, * liquéscit in viscéribus meis.

16. Aruit tamquam testa guttur meum, † et lingua mea adhaéret fáu*cibus* meis, * et in púlverem mortis deduxísti me.

17. Etenim circúmstant me *canes* multi, * catérva male agéntium cíngit me.

18. Fodérunt manus meas et *pedes* meos, * dinumeráre possum ómnia ossa mea.

19. Ipsi vero aspíciunt et vidéntes me laetántur; † dívidunt sibi indu*ménta* mea, * et de veste mea mittunt sortem.

20. Tu autem, Dómine, ne *longe* stéteris : * auxílium meum, ad juvándum me festína.

21. Eripe a gládio á*nimam* meam, * et de manu canis vitam meam;

22. Salva me ex o*re leó*nis * et me míserum a córnibus buba- lórum.

23. Enarrábo nomen tuum frá*tribus* meis, * in médio cœtu lau- dábo te.

24. « Qui timétis Dóminum, laudáte eum ; † univérsum semen Jacob, ce*lebráte* eum : * timéte eum, omne semen Israël.

25. Neque enim sprevit nec fastidívit misériam míseri; † neque abscóndit fáciem su*am ab* eo * et, dum clamávit ad eum, audívit eum ».

26. A te venit laudátio mea in *cœtu* **magno**, * vota mea reddam in conspéctu timéntium **eum**.

27. Edent páuperes et saturabúntur; † laudábunt Dóminum, qui *quaerunt* eum : * « vivant corda vestra in **saé**cula ». —

28. Recordabúntur et convertén*tur ad* **Dó**minum   * univérsi fines **terrae**;

29. Et procúmbent in con*spéctu* ejus * univérsae famíliae **gén**tium,

30. Quóniam Dómi*ni est* **regnum**, * et ipse dominátur in **gén**tibus.

31. Eum solum adorábunt omnes qui dórmi*unt in* **ter**ra, * coram eo curvabúntur omnes, qui descéndunt in **púl**verem. —

32. Et ánima mea *ipsi* **vivet**, * semen meum sérviet ei,

33. Narrábit de Dómino generatióni ventúrae, † et annuntiábunt justítiam ejus pópulo, *qui nascé*tur : * « Haec fecit **Dó**minus ».

Psalmus 150

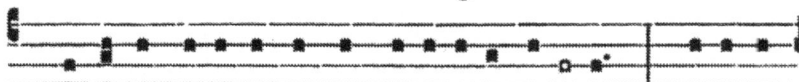

1. Laudá-te Dómi-num in sanctu-á-ri- *o* e- jus, * laudá-te

e- um in augústo firma*ménto* e- jus. *Flexa :* sonó-ris, †

2. Laudáte eum propter grándia ó*pera* ejus, * laudáte eum propter summam maje*státem* ejus.

3. Laudáte eum clangó*re* **tubae**, * laudáte eum psaltério *et* **cí**thara.

4. Laudáte eum týmpano *et* **cho**ro, * laudáte eum chord*is et* **ór**gano.

5. Laudáte eum cýmbalis sonóris, † laudáte eum cýmbalis cre*pitán*tibus : * omne quod spirat, *laudet* **Dó**minum !

6. Glória Pátri, *et* **Fí**lio, * et Spirí*tui* **San**cto.

7. Sicut erat in princípio, et nunc, *et* **sem**per, * et in saécula saecu*lórum.* **Amen**.

Canticum Zachariae (Textus novus) *Luc. 1, 68-79*

1. Be- ne- di- ctus Dómi-   nus, De- us Is- ra- ël,
2. Et e- ré- xit cornu   sa- lú- tis no- bis
3. Sic-ut lo- cútus est   per os san-ctó- rum,
4. Ut li- be- ráret nos ab in-   i- mí- cis no- stris,
5. Ut fá- ce- ret misericórdiam cum pá- tri- bus no- stris
6. Ju- ris- ju- rándi quodjurávit Abrahae, pa- tri no- stro,
7. Ut si- ne timóre, e manu inimi-
     córum nostró-rum li- be- rá- ti,
8. In san-cti- táte et justíti- a co- ram i- pso
9. Et tu, pu- er, prophéta Altís- si- mi vo- cá- be-ris:

10. Ad dan-dam pópulo ejus scién- ti- am sa- lú- tis
11. Per vi- sce- ra misericórdi- ae De- i no- stri,
12. Ut il- lú- minet eos, qui in téne-
     bris et in um-bra mor- tis se- dent,
13. Gló-ri- a Pa- tri, et Fí- li- o,
14. Sic-ut e- rat in princípio, et nunc, et sem- per,

Canticum Zachariae

153**

Messias Salvator (1-8) ejusque praecursor (9-12)

1. quia visitávit et redémit pó-	pu- lum su-	um,
2. in domo David	ser- vi su-	i,
3. qui olim fuérunt, prophetá-	rum su- ó-	rum:
4. et e mánu ómnium	qui o- dé- runt nos,
5. et recordarétur fœderis	su- i san-	cti :
6. datú-	rum se no-	bis,

7. servi-	á- mus il-	li
8. ómnibus di-	é- bus no-	stris.
9. praeíbis enim ante fáciem Dómini		
ad parándas vi- as e-	jus,
10. in remissióne peccató-	rum e- ó-	rum
11. qua visitábit nos Ori-	ens ex al-	to,

12. ut dírigat pedes nostros in	vi- am pa-	cis.
13. et Spirí-	tu- i San-	cto.
14. et in saécula saecu-	ló- rum. A-	men.

INDEX

Missarum pro aliquibus locis.

INDEX

Ordinarii Missae, Tonorum Communium, et Appendicis.

Cantus ad libitum.

TONI COMMUNES MISSÆ.

APPENDIX.

www.ingramcontent.com/pod-product-compliance
Lightning Source LLC
Chambersburg PA
CBHW030413100426
42812CB00028B/2946/J